生活素養小學堂

小學生 人際相處課

監修／**涉谷昌三**
譯者／**何姵儀**

我叫美麗！

今天起轉學到這所學校，可是……

要怎麼做才會交到朋友呢？

美麗

有些同學他們已經很要好了……

呀！

嘻！

琴音&妮可

小陸

就是啊！

2

五年級還要參加校外教學，不趕快認識朋友是不行的！

可是要怎麼開口跟大家說我想認識他們呀？

那個……美麗呀！妳想結交什麼樣的朋友呢？

咦？
你是誰？

冒出

你好！我叫小朋！是肩負為大家牽成友誼使命的小精靈♫

請問……

妳有想過要認識
什麼樣的朋友嗎？

什麼樣的朋友呀？
嗯……總之只要對方願意
跟我一起玩，誰都可以！

誰都可以啊……
嗯，這個嘛……

美麗，妳覺得「朋友」
是一種什麼樣的存在呢？

朋友……

朋友 在妳心中 是什麼樣的 存在呢？

你突然問我「朋友」是什麼樣的存在……
朋友就是朋友，不是嗎？

那我換個方式問好了。妳說妳「想要認識朋友」，
那麼妳有具體想過要和朋友做什麼事嗎？

做什麼事？這個嘛……

想和朋友一起做什麼事呢？

想一起做許多事！

只有一個人的話會很無聊，所以不管是在學校還是放學回家，我都會希望朋友能陪我，而且對方也和我一樣想找個人陪！

彼此傾聽煩惱

不管是學業、家人、愛情還是友情，我們這個年紀的人一定會有煩惱。要是有個朋友願意聆聽我們訴說煩惱、引起共鳴那就好了。

分享各種喜悅！

有趣的事情和朋友一起做的話，應該會更開心♪ 所以我想要和朋友一起玩、聊聊有趣的電視節目，一起分享喜悅！

可以依靠！想被依賴！

我想要有個朋友可以依靠，同時也希望她們同樣能依賴我！我相信無法獨自完成的事情只要互相幫忙，就一定可以完成的。

想要一起做的事情還有很多，總之我想要有一個可以互相關心的朋友♥

下一頁繼續

雖然剛剛我說「只要對方願意跟我一起玩，誰都可以」，但坦白說，我想要的是一個「懂得珍惜彼此」的朋友。

沒錯！如果就只是因為「一個人很孤單寂寞」、「不管是誰，只要可以成為朋友就好」而去結交朋友，空虛的心是不會得到滿足的。想要結交一個真正可以信任的朋友，彼此之間就要平等對待，這一點很重要。那麼接下來就我們來看幾個具體的例子吧！

這樣的人稱得上是朋友嗎？

CASE 1

只有考試前才會說「我們是朋友，對吧？」

惠美在班上是個成績優秀的學生，可可則是活潑開朗的開心果。可可平常並不會和惠美一起玩，分組活動的時候兩個人也不會同組。但是只要一到考試前，可可就會對惠美說：「我們是朋友吧？」然後就伸手向惠美借筆記，不然就是要求惠美教自己唸書。惠美把可可當朋友，所以非常認真的教她唸書。但是考試一過，可可就不會再找惠美聊天了。

CASE 2

「妳沒有我是不行的啦！」

琉璃做事十分可靠，希美則是個性溫和。只是琉璃老是跟大家說「希美太天真了，沒有我是不行的」、「上次希美出了錯，幸好有我幫她一把，不然就完蛋了」。大家都稱讚琉璃「妳做事真的很可靠耶！」雖然希美有感謝琉璃幫忙，但卻似乎經常感到困擾。

可可好像只有在需要惠美的時候才會找她，而琉璃則是讓人感覺看不起希美，這樣算是「對等」的朋友嗎？

與朋友最理想的關係是……

無論 **開心** 還是 **難過** ，

彼此會一起打氣 共患難的關係！

 小朋的建議

既然是朋友，就應該平起平坐，不該分上下關係喔！

和朋友在一起的時候，要是其中一個一直在忍氣吞聲、明明有

心結卻不敢說、有求於人的時候才會想到對方，這樣怎麼稱得上是可

以互相信賴的朋友呢？

我們認識朋友的心態要是和第 4 頁的美麗一樣，「我不在乎是誰，只要

可以陪我就好」的話，就會演變成「既然她願意陪我，就算發生有點不

開心的事也要忍下來！」如此一來，兩人的關係就會失衡不對等。

因此我們希望大家能好好想一想自己到底「希望交到什麼樣的朋友」！

把它寫下來吧！

★ 妳想要交到什麼樣的朋友呢？

這本書有許多教導大家如何結交

「真心朋友」的訣竅喔！

CONTENTS

那個呀~　是喔~

朋友在妳心中是什麼樣的存在呢？・・・05

LESSON 1
與朋友相處融洽的20個訣竅

LESSON 4

了解對方心情的技巧

LESSON 5

克服友情的煩惱與紛爭

「要是和朋友吵架了怎麼辦？」、「朋友不遵守承諾要怎麼應對？」讓我們逐一解決這些日常生活會遇到的煩惱吧♥

特別附錄　祕密的　**個人簡介**

本書的登場人物

讓我們跟這四位小學生學習結交朋友的方法吧♪

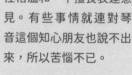

小朋

美麗

精力充沛、熱情洋溢的小學五年級生。剛轉學到新學校來，但好像很擔心自己會交不到朋友。

妮可

性格溫和，不擅長表達意見。有些事情就連對琴音這個知心朋友也說不出來，所以苦惱不已。

琴音

個性穩重可靠，勇於表達意見。不過最近非常在意小陸這個兒時玩伴。

小陸

擅長運動、個性開朗的萬人迷，與琴音是幼兒園的玩伴。不過個性好像有點遲鈍？

LESSON

1

與朋友
相處融洽的
20個訣竅

我想要交一個
可以互相說出真心話、
立場平等的朋友！

嗯嗯

可是要怎麼做才能
找到這樣的朋友呀？

小朋，你覺得我跟班
上的哪個同學開口說
話比較好呢？

跟妳喜歡的人
說話就好了呀！
不用把它想得太難啦！

不過我敢保證，美麗一定會顧慮這、擔心那的……

就讓我來告訴妳幾個認識朋友的訣竅吧！

訣竅？

有 20 個喔！

第一個訣竅就是……

「與目標興趣相同的人容易打成一片」

目標興趣相同？原來如此！

找個結交朋友的契機

新學期——

新班級！

想認識朋友！

…

我跟誰會合得來呢？

要怎麼開口呢？

要是有人跟我打招呼，我要怎麼回答呢？

和旁邊的人打聲招呼好了。

訣竅 1

LESSON 1

目標興趣相同，容易打成一片

大多數的小學生若是進入一個新環境，例如重新分班或轉學，與其他人通常都是第一次見面。在這種情況之下大家是不是會非常猶豫，不知道「要和誰打招呼」、「可以和誰成為朋友」，對吧？

想認識新朋友的時候，大家可以先從「目標」及「興趣」相同或相似的人找起。

不管是穿著、正在閱讀的書，還是簡單的對話，應該都會找到不少隱藏著與「目標」及「興趣」有關的提示喔！

目標和興趣？

可以多告訴我一些與「目標」及「興趣」有關的事情嗎！

目標

找一個「想做的事」與「想去的地方」和自己相近的朋友吧！這樣在努力實現相同目標的過程當中，兩人的交情就會越來越融洽★

例如……

★ 和想認真學習的同學一起去圖書館唸書！

★ 和住得近（回家的方向一樣）的同學一起回家！

★ 和希望在運動中獲勝的同學一起練習！

興趣

可以問對方「喜歡什麼」。要是有共同的喜好話題，聊起天會更開心喔♥像是「既然聊音樂聊到欲罷不能，那麼乾脆去唱歌吧♪」

例如……

★ 喜歡的偶像一樣！

★ 對同款電玩有興趣★

★ 都喜歡看動畫及漫畫♥

★ 對算命非常有興趣！

★ 喜歡打扮♪

★ 很會做點心！

志同道合更吸引人！

「物以類聚」這句成語，意指相似的人事物會自然而然聚在一起。

人們通常會比較喜歡觀點與自己相同，或者是處事態度相似的人。

這在心理學中稱爲「相似法則」。當然，個性和自己不一樣的人也是可以

相處融洽，成爲好朋友的喔♪

接下來就讓我來告訴大家
「志同道合」的朋友爲什麼
會更容易相處！

志同道合的朋友

可以找到話題！

妳的髮圈好可愛喔！

謝謝！

要不要一起去買呢？

相似之處多，就代表彼此之間的品味與興趣十分相近！這樣比較容易聊起來喔♪

意見相投，不易爭吵！

我想看這個！

首映會

我也想看！

比較容易有共識，其中一方不需老是犧牲自己配合對方，相處時應該不太會感到壓力！

只要接受對方與自己的不同之處，就能拉近兩人之間的距離♥

只要彌補彼此的弱點，
就能成爲最強知己♪

性格不同的兩人可以互相彌補對方的弱點。只要彼此之間的關係加深，就有機會成爲知心朋友。意見或許會常常不合，但只要尊重彼此的想法，那就沒有問題！

訣竅 3

模仿容易討人喜歡？

有一種讓對方產生好感的技巧叫做「鏡映」，也就是模仿對方的手勢和動作！

訣竅 2 曾經提到，人們通常會比較喜歡和自己相似或者是行為相同的人在一起，同時也會希望「喜歡的人會像自己！」

這個「相似法則」會讓我們想要模仿喜歡的偶像，而父母也會比較疼愛像自己的孩子。

「模仿一下」看看吧！

模仿一下對方的這些地方。但別太過明顯或刻意喔！

手勢

偶爾模仿對方的手勢！

節奏

聊天與行動的節奏試著配合對方。

那個呀～　是喔～

發言

稍微重複對方在談話中的幾個句子！

前幾天我去買東西……　買東西呀

模仿時太過刻意會讓人不舒服！

模仿對方的重點在於不經意！對方要是發現妳故意在學他，搞不好會讓對方感到反感喔！

初次見面的第一印象很重要

緊張

等、等一下！我也想和你們聊天……

可、可以嗎

好！鼓起勇氣和他們說話吧！

完了，結巴了

當然可以喔！

太好了！感覺人還不錯♡

嗯

愛麗絲看起來好文靜喔

我叫愛麗絲。

我是一香！他叫小海。

不過……小海看起來好像有點兇？

天哪，我好緊張喔！

一個月後——

愛麗絲！

一起回家吧！

啊哈哈哈

我一直以為小海是一個很兇的人。

什麼！怎麼會！

我以為愛麗絲很文靜呢！

少來！

訣竅 4

第一印象讓人影響深刻

據說初次見面的時候，剛開始的 10 秒就能決定對方對我們的印象了。例如第一次見到某人時若是覺得他「人好像還不錯」，日後就算有一天對方對我們態度冷淡，心裡頭也只會覺得他「今天是不是人不舒服？」而不太容易對他反感。

相反的，第一次見面的時候要是覺得對方「非常討人厭」，下次遇到的時候不管人家態度有多親切，一定會懷疑「這當中必有鬼」。像這樣對某個人的整體印象取決於第一印象，就稱為「初始效應」。

這樣的情況叫做初始效應！

這是心理學家所羅門・阿希（Solomon Eliot Asch）為了研究「初始效應」而進行的實驗喔！

Q. 妳對下列的 A 與 B 印象為何？

A	B
很聰明	嫉妒心很強
非常認真	堅持己見
動不動就否定他人	動不動就否定他人
堅持己見	非常認真
嫉妒心很強	很聰明

這應該是一個頭腦很好，所以才會堅持己見的人吧？

這應該是一個愛吃醋、狡猾又討厭的人吧！

只不過是改變順序，整體印象竟然會差這麼多！

A 和 B 所寫的內容明明都一樣，但是 A 卻往往給人好感，認為「這應該是一個頭腦很好，所以才會堅持己見的人」。然而 B 的情況卻相反，讓人覺得「這應該是一個愛吃醋、狡猾又討厭的人」。

儀容整潔，初次見面更有好感！

第一次見面的時候若想在對方心中留下好印象，那就要好好注意「整潔感」。一個人不管個性有多開朗、性格有多善良，要是蓬頭垢面、衣服髒亂，旁人搞不好會「不想靠太近」。

所以我們早上要梳頭、刷牙，穿上乾淨平整的衣服，而且出門前要再檢查一次，看看這些基本禮儀沒有做好。

儀容整潔的檢查 POINT

- ☐ 頭髮有梳開嗎？
- ☐ 頭髮或肩膀上有頭皮屑嗎？
- ☐ 早上洗臉了嗎？
- ☐ 刷牙了嗎？有口臭嗎？
- ☐ 指甲乾淨嗎？會不會太長了？
- ☐ 衣服有沒有皺皺的？
- ☐ 鞋子髒了嗎？有沒有破洞？

訣竅 6

面帶微笑，口齒清晰！

據說只要「10 秒」就可以決定一個人的第一印象。很快對吧？但是在這短短的 10 秒內，有些地方我們還是可以做到的，那就是「滿臉的笑容」與「清晰的口條」！微笑可以提高親和力，而說話的口氣若是活潑開朗，對方應該就會覺得自己是一個「非常有活力」、「相處起來會很開心」的人。所以我們平常就要好好練習，這樣才能展露出自然又燦爛的笑容。

展露燦爛笑容的訓練方法

接下來要介紹從事廣播業的人採用的笑容訓練方式★

嗚咿嗚咿體操

這個訓練方式可以鬆弛及鍛鍊微笑時會用到的嘴角肌肉。方法非常簡單，只要一邊嘟嘴一邊說「嗚」，之後再拉開嘴角說「咿」，重複幾次就可以了！建議大家每天早上醒來之後先做個幾次再起床吧！

嘴角上揚訓練

將筷子橫放，用牙齒叼住之後緊咬 30 秒。咬的時候嘴唇盡量不要碰到筷子，接著再拉起左右兩邊的嘴角，並保持微笑 10 秒。只要重複數次，嘴角的肌肉就會緊實上揚喔♥

訣竅 7

抱持興趣，若能提問會更好

與朋友聊天的時候妳都是怎麼聽對方說話的呢？面帶微笑聽對方說話或搭腔附和（第25頁）固然重要，但若想讓對方知道「我對妳說的事情很有興趣」，最好的方法就是「提問」。提問的目標是爲了深入了解對方所說的事，只要有人提問，我們就會知道對方對自己的事情有興趣，同時也會讓對方覺得自己想要與他「多聊一點」喔♪

動動腦筋吧！

想想自己可以問些什麼樣的問題來回應對方的發言！

把它寫下來吧！

「前幾天我和家人去北海道喔！」

可以問什麼問題呢？

例「哇！那妳在那邊吃了什麼？」

「我最近喜歡的是小翔這個偶像♥」

可以問什麼問題呢？

例「哇，不錯耶♥妳怎麼會迷上他呢？」

訣竅 8

呼叫名字，拉近距離♥

拉近與朋友之間的距離最有效的方法，就是在聊天的過程當中偶爾叫他們的名字！只要叫一下名字，對方就會知道我們聊天的時候有顧慮到他喔♪與其隨口說「你在做什麼？」不如直接問「○○，你在做什麼？」這樣反而會更有親近感。大家第一次與對方見面聊天時不妨試看看★

不過也別太常叫人家的名字，適度就好，否則聊天的時候氣氛會變得很尷尬喔！

有沒有叫名字有什麼差別？

喊對方的名字好像很簡單，不過這麼做給人的印象會改變多少呢？

例

「嘿，你覺得這個怎麼樣？」

⬇

「○○呀，你覺得這個怎麼樣？」

只要說出名字，對方就會知道要認真聽我們表達意見了！

例

「下次再一起玩喔！」

⬇

「我以後還要跟○○一起玩！」

只要喊出名字，對方就會知道有人喜歡「和自己」玩，而且下次有機會的話也要一起玩♪

愛麗絲，一起玩吧！

訣竅 9

認真搭腔，隨聲附和！

聊天要是聊不起來，有可能是因為我們沒有好好「搭腔附和」！別人說話的時候要是沒有反應，對方就會感到不安，覺得自己說話沒人在聽。但如果能夠適度搭腔，對方在聊天的時候心情就會更輕鬆，話題也會更豐富♪訣竅 7 的「提問」也算是一種搭腔附和的技巧，就讓我們一起來好好掌握吧！

但是太過在意怎麼答腔附和反而會無法專心聊天，所以「稍微留意」就可以了！

你好強喔！

那後來呢？

天哪，我完全不知道

我也這麼覺得♪

想讓人多聊一點的搭腔 POINT

接下來要介紹搭腔附和的三大重點！聊天的時候大家可以多留意♪

POINT

試著告訴對方自己的想法

簡單的告訴對方妳聽了之後有什麼想法。即使是簡單的字眼，例如：「太強了！」、「哇，看不出來！」也能讓對方知道他們的談話內容讓我們聽了津津有味★

POINT

將心比心，感同身受

一想到對方懂得我們的感受，心裡應該會很開心♪而能夠傳達這個訊息的技巧，就是猜測對方的想法，並且將感受融入附和語之中。例如聊到「上次比賽輸了」這件事時，只要在附和語裡感同身受的說出「對呀，真的很可惜」的話會更好喔！

POINT

提出問題當然也可以！

訣竅 7 中介紹的「提問」也是搭腔附和的技巧之一！不過這個時候未必要提出具體的問題，只要問一些簡單的事情，例如「那後來怎麼樣了？」讓話題自然延續下去就可以了♪

先說結論，讓話題延續

不太會說話的人大多數都是因為「說話的時候一直偏離主題，講了一堆，卻始終沒有提到重點」。話一長，內容就會變得乏味，聽的人也會很納悶，不懂「這個人到底想說什麼」。而解決這個問題的訣竅，就是「先提結論」！只要一開始就明確告訴對方「我現在要講這件事！」這樣聊天的時候就比較不會離題，而且對方應該也會津津有味的聽到最後喔♪

讓對方想繼續聽下去的對話順序

讓我們來比較看看聊天時最後再提結論與先提結論的不同吧★

最後再提結論的對話

自己：「我前天幾吃了一個叫做○○的點心」

對方：「喔。」

POINT
這種話題的切入方式對方聽了只能回應「喔」。

自己：「我覺得還不錯，你下次也吃吃看！」

對方：「好！」

換一下順序吧！

POINT
讓人搞不清楚是想要告訴對方自己吃了一個味道還不錯的點心，還是想向朋友介紹好吃點心。

先提結論的對話

自己：「我發現了一個非常好吃的點心，你們也去買來吃吃看！」

對方：「喔？什麼點心呀？」

POINT
只要以「希望對方也吃吃看這個還不錯的點心！」為結論來開啟話題，就能引起對方的興趣，好奇「到底是什麼樣的點心」♪

自己：「叫○○！鹹鹹甜甜的，很好吃喔♥」

對方：「好吃的話當然要嚐嚐囉！」

POINT
只要將「反正你就吃吃看吧！」的心情傳遞出來，對方聽到妳這麼一說，一定會想要吃吃看的♪

訣竅 11

LESSON 1

說話方式要顧及對方感受

「聊天」並不是一個人的事，而是要與對方一起進行的。就算是在聊自己的事，也要確認一下對方有沒有被忽略、有沒有聊得很開心喔！健談的人往往會聊自己的事聊到忘我，但只要對方開口說話，那麼就要好好豎耳聆聽。對方個性若是比較文靜，那就試著問「我那時候是這麼做的。○○的話會怎麼做呢？」讓朋友更容易開口聊天。

如果是愛麗絲會怎麼做呢？

這個嘛……

讓對方享受聊天樂趣的 POINT

POINT
聊天時不要只顧「自己」，要想到「對方」

聊天是為了促進彼此之間的友誼，所以不要一直想著要「好好表現自己」，要秉持「讓對方樂在其中」的態度，這才是最重要的。

POINT
若能聆聽對方的想法那更好

就算是在聊自己的事，也要問問對方「○○你覺得怎麼樣？」、「我是這麼想的，你覺得如何呢？」盡量讓對方越聊越起勁！

一起來學說話的技巧，讓自己還有朋友更開心吧♪

POINT
看看對方的反應！

話匣子一旦打開，有時候就會聊到停不下來，不過我們偶爾要冷靜一下，確認對方是否聊得開心。

POINT
負面話題要適可而止！

提到煩惱的時候用詞難免會消極一些，而聽我們訴苦的人也會跟著一起沮喪，所以在聊負面事情的時候要記得點到為止就好喔！

訣竅 12

直呼對方的名字

如果想與朋友「更要好」，那就試著說對方的名字，不要連名帶姓直呼全名，這樣就能大幅縮短兩人之間的距離喔♡

不過有人會希望大家「直接說綽號，不要說名字！」總之在稱呼對方之前，先確認其他人是怎麼稱呼的，這樣或許會比較好！

更改稱呼時的建議

> 突然叫對方的名字我會緊張，要怎麼稱呼才會比較自然呢？

詢問對方可以這麼稱呼嗎？

直接問對方「我可以叫你○○嗎？」這個時候若能補上自己的想法，「因為我想和你更親近」會更好♪

別人怎麼說就跟著怎麼說

如果已經有其他人直接稱呼對方的名字，那就趁大家在的時候順便跟著說，這樣就可以在大家一起開心玩耍的這個大好機會藉機開口說對方名字了。

請對方直接說自己的名字

想要直接以名字稱呼時，不妨試著向對方說「直接說我的名字吧」，這樣就能順便問對方「那我也可以叫你的名字嗎？」，那麼就可以順其自然的以名字稱呼彼此了。

訣竅 13

每天都要聊聊天

心理學家認為人們只要經常與對方碰面，就會在心中產生一股熟悉感，進而與對方變得更加親近，這叫做「單純曝光效應」。

不過重點不在於拉長見面的時間，而是增加見面的次數！也就是說，每天花 5 分鐘聊天會比整天待在一起好。順便告訴大家，「改變見面地點」也有拉近距離的效果。

改變見面地點 3 STEP

「一對一見面」會比「與所有人見面」更能加深友誼喔！

STEP1
在學校或補習班

首先要做的，就是當我們在學校、補習班、課後安親班或才藝班等「大家都在一起」的空間裡時，要盡量與朋友聊天！

STEP2
在有別於以往見面的地方

就算是一群人也沒關係，走出學校與補習班，一起去家庭式餐廳或 KTV ♪ 私人聚會也很重要！

STEP3
到朋友家玩

一起玩了好幾次，交情變得更熟之後，就可以邀請對方到家裡來，或者去朋友家玩。不過去朋友家的時候，一定要好好遵守禮節！

明明常見面，為什麼合不來？

再多告訴我一些細節

即使第一印象不好，照樣能夠扳回一局！

不管見過多少次面，要是沒有成為好朋友，就有可能是對方不想與妳交朋友，或者是妳在對方心中留下不好的第一印象。對方不想交朋友的態度雖然不易改變，但如果只是因為第一印象不佳的話，我們還是可以努力改進，挽回局面，所以大家不要輕言放棄喔！

重點在於展現反差。例如我們的容貌雖然不是非常起眼，但笑起來卻非常可愛；或者我們看起來雖然酷酷的，但是個性其實和鄰家妹妹一樣等等。因此扭轉自己在對方心中的印象是一件非常重要的事喔！

要怎麼做才能展現反差呢？

第一件要做的事情就是聊天！大家可以參考第 15 頁介紹的訣竅，聊些會引起對方興趣的話題，之後再慢慢拉近距離，讓對方覺得自己「好像也沒那麼難聊？」這樣就能展現出另外一面了喔★

嗯，好像有點難耶……
沒想到改變第一印象竟然這麼困難。

試著提出簡單「請求」

說來或許意外，不過融洽相處的其中一個訣竅就是「拜託別人幫忙」！以心理學的角度來看，「對討厭的人態度親切是一件非常奇怪的事。如果要向對方展現友好的態度，那就要懷抱好意，這樣才能消除這種『反常』舉動」，這叫做「認知失調理論」。

我們可以試著向對方提出一些小小的要求，例如幫忙拿輕便行李，或者是請教功課。要是對方接受我們的請求，就好好說聲「謝謝！」或是視情況送個小禮物來謝謝對方♪

對幫助我們的人產生好感的原因

接下來要為大家詳細說明「認知失調理論」！

聽到對方拜託我們的時候⋯⋯⋯

> 我為什麼會幫助他呀？

> 我知道了！

> 一定是我喜歡那個人！

我們會對自己的行為產生疑問：「我為什麼會答應那個人的請求呀？」

為了解決這個疑問，我們會在心中對自己說：「一定是因為我喜歡他！」

絕對不可太過依賴對方喔！！

雖說拜託對方在心理學上是一個有效的方法，但是絕對不可以一直單方面要求對方幫忙，甚至沒有送禮謝謝對方喔！因為這樣反而會引起對方反感，認為「妳是在利用我嗎？」

訣竅 15

好好傾訴心中煩惱

一般認為「向人傾訴煩惱可以拉近彼此之間的距離」。如果不信任對方，通常就不會敞開心扉說出煩惱了。而傾聽我們訴苦的人應該也會覺得自己「受到別人依靠♡」，所以向別人傾訴煩惱不僅可以增加相處的時間，還能解決心中困擾，可說是一舉兩得，讓我們找一個值得信賴的人，好好訴說心中的煩惱吧！

這個吉祥物應該是萌喵君吧？

我也喜歡這個！

哇，那個很難買到耶！

好可愛喔！

為了不被友情傷害心靈

訣竅 16

合得來的只有兩成？

「與全班同學相處融洽」固然不錯，但沒有必要為了達成這個目標而壓抑自己的情緒，或者勉強與不喜歡的人往來。據說 10 個人當中真正合得來的人頂多 2 個，交情一般的大約 6 至 7 個人，而不管怎麼相處就是合不來的也會有 1 至 2 個。既然每個人各有想法與觀念，當然就會有「合不合得來」的情況發生。

那我們要如何與每個人相處呢？

下面這幾個方法大家未必要照做，但是一定要秉持「不勉強自己與合不來的人往來」的心態，這一點很重要♪

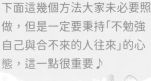

♥真正合得來的人只有兩成

這兩成是在一起會非常開心、心中地位非常重要的朋友！而且應該會成為無話不說的摯友。就算是私人時間，也要多與對方玩耍，讓彼此之間的友情更融洽★

★可以成為普通朋友的人約六成

這六成是分組的時候會在一起，在班上會開心玩在一起的朋友！如果想加深彼此之間的友誼，那就參考一下第 28 頁介紹的訣竅吧♪

♦相處不來的人約兩成

與對方在一起的時候若是常常感到不舒服，那就不要逼自己與對方交朋友。相對的，反而要更加好好珍惜現在擁有的朋友！

有自信很重要！

要是對自己沒有信心……

朋友關係往往讓人苦惱不已，是吧？但坦白說，問題的根源說不定不是對方，而是缺乏自信的「自己」！

沒有自信的話，要是朋友做了讓自己不開心的事，也只會覺得「應該是自己不對」而無法反駁。要是無法表達自己的意見，就會被朋友的想法所左右，這樣反而會壓抑自己的感受……在這種情況之下和朋友在一起非但不會開心，反而還會覺得很痛苦，不是嗎？所以我們要有自信，這樣才能與朋友「平起平坐」！

只會一直配合別人
對自己的意見要是沒有信心，就會一直附和別人說的話，這樣是無法與朋友對等交談的。

會下意識勉強自己
因為缺乏自信，不認為周遭的人會喜歡自己，所以覺得要聽別人說的話才行，但是這麼做反而會勉強自己做不喜歡的事。

建立信心，消除恐懼！

要好好稱讚自己！

你認為自己最大的優點是什麼呢？每個人都應該有優點及出色之處。要是能夠找到長處，那就試著稱讚自己「太厲害了」。

你說的沒錯，我對自己好像沒有什麼信心……要怎麼做才會有自信呢？

不要強迫自己配合別人！

要是沒有主見，只是一味迎合他人，就會更加缺乏自信。所以不要再迎合他人，試著說出自己的意見，告訴大家「我是這麼想的」！

我們已經在 Lesson 2 介紹過認識自己、擁有自信以及與自己融洽相處的方法了喔★

訣竅 18

世界，∞ 無限遼闊！

在學校、才藝班或補習班若是沒有歸屬感，在這種情況之下希望大家明白一點，那就是「世界是∞無限遼闊的」。除了學校，可以學習的地方還有很多，而且朋友也未必一定要同齡才行。現在所處的地方若是讓自己非常難受，那就告訴家人，並且離開那裡吧！

將心中的痛苦告訴家人並不是丟臉的事，說出來是為了保護自己，是值得表揚稱讚的勇氣之舉喔！所以我們不要默默承受痛苦，一定要找個可以信賴的人好好傾訴一番。

「想要交朋友！」的想法固然不錯，但也不需要勉強自己，
或者一直待在一個讓你覺得不舒服的地方。
訣竅 16 至 18 是當我們在建立人際關係時希望大家牢記在心的觀念。
不過最重要的，還是好好珍惜自己♪

好！因為朋友的事而感到疲憊時，
我會試著想起來的♪

放假日——

吵吵 鬧鬧

妳等等要去哪裡？

去吃可麗餅吧！

坦白說，我不知道要怎麼跟佳奈相處……

啊……我好像也是。

我也不會找她說話喔～

而且她也不常笑……

佳奈雖然冷淡，但人其實很好的。

不過現在這個情況還是配合大家吧！

呼～

說的也是——

我沒說錯吧～太好了！大家想法一致

今天怎麼好像很累……

訣竅 19

人際關係始於一對一

不管是在班上還是才藝課，我們有時候會找三個以上的好朋友一起活動。但是每個人在這個小團體裡的立場都不一樣，有時候自己會不知道該怎麼應對，儘管如此，在這種情況下希望大家能記住一點，那就是「人際關係的基礎原則是一對一」。

換句話說，就算是團體，我們還是要珍惜每一個朋友。所以大家不要想太多，好好促進與每位朋友的友情就好。

未必要與每個人都有交情！

嗯、嗯

原來是這樣啊！

什麼！

我也是！

我好像……

開始覺得疲憊！

想與每一個都有好交情會很疲憊。

訣竅 16 曾經提到，十個人當中通常會有 1、2 個人與自己合不來。而且團隊的規模越大，想要與所有人融洽相處就會越不容易。其實只要保持適當距離，盡量避免敵對情況出現就好了！

不被意見左右，不逼他人接受

就算不是在團體裡，朋友之間有時也會意見不合的，是吧？若是壓抑自己的觀點，對於對方的意見表示同意，心裡頭就會感到煩躁；但如果強行表達自己的看法，堅持「沒有這回事！」的話，卻又會讓對方感到不開心。在這種情況之下建議大家先接受對方的意見，之後再慢慢表達自己的看法，因爲彼此之間的意見都應該得到尊重。

當對方的意見與自己不同時⋯⋯

櫻華應該如何處理
第 38 頁的情況呢？

佳奈脾氣好像有點凶，怎麼相處呀？

她其實人很好的⋯⋯

◯ **先接納對方的看法，之後再表達自己的意見**

是喔！

有發生什麼不愉快的事嗎？

✕ **試圖否定對方的意見**

⋯

佳奈不是那種人！

他默默盯著人看，好像是因爲有煩惱

而且她還很怕生！

是喔⋯⋯

人與人之間都有一個適當距離,是真的嗎?

適當距離會隨著彼此之間的關係不同而改變!

在人群中與陌生人近距離接觸總是會讓人感到不舒服,人與人之間通常都會有一個距離。他人若是越界,就會讓自己覺得不舒服,這就是所謂的「私人領域」。

這個私人領域會因為與他人關係的不同而有所改變。要是忽視這個私人領域,試圖靠近還不太熟悉的人,就有可能會讓對方感到不舒服。

因此我們要記住每種關係之下的私人領域參考範圍!

私人領域參考範圍

接下來要介紹的是每種關係的私人領域參考範圍!不過每個人的情況各有不同,僅供參考喔♪

知己	家庭	朋友	初次見面

0～15 ㎝	15～45 ㎝	45～120 ㎝	120～350 ㎝

距離為0,就算互相觸碰也不會覺得不舒服的關係♥

大多數的人與心愛家人之間的距離應該都很近♪

只要對方不反感,靠近的時候碰到也沒關係!

對方若是不認識,接觸當然不易,但是可以保持一段距離交談。

開心使用 SNS

SNS 是一種讓人輕鬆交流的網路服務，但是使用不當的話反而會出問題。因此接下來我們要介紹幾個能讓大家愉快又安全的使用 SNS 的要點★

什麼是 SNS？

SNS 是 social networking service 的縮寫，中文稱為社群網站，是一種可以在網路上不受年齡及國籍限制、與各種人進行交流的服務，有些甚至是鎖定某個目標的特定服務，例如通話、訊息傳遞、照片投稿、資訊發布及交換等等。只要將應用程式（以下簡稱「app」）下載到智慧型手機或電腦裡，就可以隨時使用了♪

原來 SNS 可以做這麼多事情呀。好像很有趣！

在開始玩 SNS 之前……

下載 app 或註冊會員時要先與家人商量，並麻煩他們檢查這個 app 和網站的內容危不危險。另外，使用這個 app 時一定要遵守與家人約定好的遊戲規則喔！

在 SNS 上的
交流重點

先確認一下在 SNS 上互動時的一些實用禮儀吧！

重點 ❶

要比平時多考慮對方感受

在 SNS 上互動的時候因為看不見對方的臉，所以可以輕鬆交流。但是「看不見臉＝無法從表情捕捉感受」，這樣說不定會在無意之間傷害或冒犯到對方！因此互動的時候一定要好好想一想自己的言行會讓對方有何感受♪

要是看不到對方的臉，就會分不清他們是在開玩笑還是認真的……

就算和平常一樣互相開對方的玩笑，在 SNS 上發言時一樣要多加留意喔！

重點 ❷

傳送訊息之前再檢查一次

在傳送訊息之前先深呼吸，檢查一下打好的文章，確認有沒有讓對方看了會不舒服的髒話或者是不當措辭，同時也要避免傳送那些讓人看了會不知道要怎麼回覆的內容，或者是越看越累的長篇大論，這樣反而會造成對方的困擾喔！

重點 ③

朋友的照片和
個人資料要妥善處理

未經許可絕對不可以把朋友的照片上傳到網路，因為這樣會侵犯朋友的「肖像權」！肖像權是不讓他人擅自使用自己圖像的權利。要是處理不當，有時甚至還會因為違法而被起訴。不用說，朋友的個人資料更不可以隨便公開或告訴別人喔！

分享

什麼是個人資料？

可以鎖定某個人身分的資訊稱為「個人資料」。像是自己的本名、地址以及電話號碼等都屬於個人資料，而且是非常重要的資訊，要是被別人知道的話會出問題的！因為這有可能會遭到他人濫用，甚至捲入犯罪活動之中，這樣是非常危險的。有時我們的個人資料甚至會因為照片中的風景或所在位置等資訊而被鎖定，因此在公開照片時一定要確認照片中是否包含了這類資訊！

〔這些也是個人資料喔！〕

- ・出生年月日和血型
- ・性別
- ・就讀的學校名稱
- ・最近的車站和電車路線

- ・家庭成員
- ・家人的上班地點
- ・SNS 的 ID 和密碼
- ・身分證字號

重點④

不可以寫他人壞話！

即使是在網路上，惡意言論照樣會讓人感到不舒服，所以我們絕對不可以寫下傷害他人的內容或者是毀謗名人的事情。這些內容一旦在網路上公開，就很難完全消除。不僅如此，這些因為輕率的心態而公開的壞話搞不好還會一直流傳下去。

要不要一起去
○○○？

重點⑤

與網路上認識的朋友見面時要小心

在網路上若是認識朋友，先別急著約他們出來見面。人在網路上是可以輕易撒謊的，而那些人的個人資料是真是假，我們根本無從得知。像在現實生活中就曾經發生過誤以為對方是年紀相近的女孩子，見面之後卻發現對方是一個壞大人。如果一定要見面，找家人或可以信賴的大人陪同會比較妥當。

這個世界上
有些惡劣的大人
會欺騙小孩喔！

重點 ❻

不要催促對方回覆訊息

不要因為對方遲遲沒有回覆就一直傳訊息，對方說不定有事情或是正在忙所以才沒回覆。因為等不到回覆而焦慮不安固然能理解，但是對方也有自己的事情要做，這一點要牢記在心喔♪

重點 ❼

聯絡對方的時間不要太晚

晚上聯絡對方是一件沒有禮貌的事情！就算我們還沒睡，但對方要是已經睡了，這樣反而會造成他人困擾。因此晚上要與朋友聯繫時最好設一個時間點，「聯絡的話最晚到○點」，這樣或許會比較好★

重點 ❽

看到負面內容不必回應

在 SNS 上看到惡意言論或不實訊息等負面投稿時，最好不要做出任何反應，因為惡言相向甚至擴散流言反而會讓自己惹禍上身！因此看到這些負面投稿時要保持冷靜，置之不理，或者告訴身旁的大人，討論應對方式。

重點 ⑨

不要太在意「讚」的數量

有些 SNS 可以用按「讚」的方式來回應投稿。這雖然是一個可以輕鬆回應的方便功能，但是不需要太在意這些讚的數量。這並不是我們的人氣與評價，所以按讚的人數不多非但不用在意，更不可以強迫朋友按讚。當然，朋友的貼文也未必要按讚，只要跟著自己的步調享受 SNS 的樂趣就好了♪

與其講求第一，
不如追求唯一。

重點 ⑩

與 SNS 要保持適當距離

要是太過依賴 SNS，在日常生活中與朋友往來時說不定態度會變得敷衍草率喔！非常在意 SNS 的投稿內容是網路成癮的警訊。若是出現這種情況，與 SNS 保持距離或許會比較妥當。除了 SNS，在學校與朋友聊天等交流時光也要好好珍惜喔♥

這個時候該怎麼做？

Q 希望對方刪除自己的照片

A 當自己的照片在未經許可的情況之下被別人公開在網路上時，應該會有許多人感到困擾吧？若是不想讓對方感到尷尬，不妨用開玩笑的口氣說：「這張照片表情好醜喔！刪掉啦！」這樣或許會比較妥當。若能要求對方「上傳之前可以先跟我說一聲嗎？」的話也是一個好方法★

Q 「已讀不回」不行嗎？

A 大家通常會認為這是一個不妥的行為，但訊息傳來時若是不方便，就不需要強迫自己回覆。要是在意，那就提前告訴對方「我回覆可能會比較晚，有空再好好答覆」。

Q 不知道該在什麼時候結束談話

A 對方若是越聊越起勁，有時反而會讓人找不到時機結束對話。這個時候我們可以用「我差不多該回去寫功課了」或者是「明天再聊吧」等方法來結束對話，隔天再以「昨天沒能繼續聊真是抱歉」這句話重新展開話題，這麼做也不失為是一個好方法♪

SNS 煩惱的 Q&A

Q 負面言論可以按讚嗎？

A 朋友在抱怨或說壞話時，往往讓人不知道該如何反應，是吧？尤其是在說壞話的時候光是按讚，別人就會以爲自己也贊同這樣的內容……在這種情況之下最好不要回應，建議直接忽略會比較好。

萬一發生問題，
不要試圖自己解決，
最好與朋友或家人談談！

Q 我沒有在玩 SNS，
無法加入朋友的話題……

A 沒有在玩 SNS 的人或許會因爲無法參與話題而感到寂寞。這個時候不妨乾脆一點，直接問對方「你們在聊什麼呀？可以跟我說嗎？」
重點在於要開開心心的問♪這樣對方一定會非常樂意告訴妳他們究竟在聊什麼聊得這麼開心★

意想不到的 SNS 陷阱

要是覺得自己對於 SNS 已經非常熟悉而掉以輕心的話，那就言之過早了！因為壞人往往會利用意想不到的手段來傷害他人。為了避免自己上當受騙，先讓我們在這裡好好複習一下吧！

流傳的消息
可能會包含假訊息？

有些人會故意在 SNS 上傳播假消息，所以千萬不要認為網路上流傳的資訊都是正確的，一定要慎重判斷這樣的訊息是否可信！

照片若是暴露住的地方可能會招來危險！

隨意投稿的照片有時會暴露我們當下的所在位置或住處。因此在上傳照片之前要先確認照片的打卡功能有沒有打開、照片中的風景或建築物會不會讓人推測出位置喔！

> 照片的打卡功能若是打開，這就會暴露我們拍照的地點了～（汗）

只要點擊連結，資料就會被竊取？

只要點擊網站的註冊按鈕或 URL（網址），我們的個人資料就有可能遭到竊取，所以千萬不要點擊陌生人或陌生網站傳來的網址喔！

LESSON
2

與自己
好好相處的
重要性

換班之後
和好友琴音同班，

與轉學生美麗
也相處得不錯，
本來很開心的！

可是……

妮可妳好慢喔！

好像聊得很開心！

喔，嗯……

那個老師
有點偏心喔！

最近煩心事
好多喔！

讓我來解決
妳的煩惱吧！

妮可好像心情有點煩，
是因為琴音嗎？

聯繫友情的小精靈
小朋登場囉！

哇！

咦？

心煩是因為
琴音？

搖頭　搖頭

不是！

我知道了！
如果不是因為她，
那麼讓妳煩心的人
就是自己了！

自己？

了解自己是什麼樣的人

對自己感到煩躁嗎？的確，我不像美麗那樣會運動，也不像琴音那樣可以跟別人聊得那麼開心……

喂！心裡若是想著「像我這樣的人」，就代表自己根本就沒有好好珍惜自己……也就是說，妳根本就沒有好好與自己相處嘛！妮可其實也有很多令人讚賞的地方喔！之所以沒有察覺，是因為妮可妳對自己還不夠瞭解，所以我們要做的第一件事情，就是「認識自己」！

認識自己……什麼意思呢？

只要認識自己，就會珍惜自己！

大家還記得嗎？ Lesson 1 曾經提到，「容易打成一片的朋友，通常是目標與興趣和自己相同的人」。因此我們一定要先知道自己「喜歡什麼」以及「目標是什麼」。可惜的是，很多人都不了解「自己」。

不僅如此，要是我們只知道迎合他人的想法，完全忽略自己心中感受的話，到最後只會厭倦不堪。唯有認識自己，才會懂得珍惜自己，因為「珍惜自己＝與自己融洽相處」，正是人際關係的基本原則。

如何與自己融洽相處？

不管是與自己還是和朋友，和睦相處的方法其實都一樣，也就是「抱持興趣」★

想與朋友和睦相處的時候

她喜歡什麼呢？

她會怎麼想呢？

想要好好相處

妳喜歡什麼？

妳覺得怎麼樣？

自己

朋友

想與自己融洽相處的時候

要做的事情都一樣喔！

我喜歡什麼呢？

我是怎麼想的呢？

想要好好相處

我喜歡什麼？

我覺得怎麼樣？

自己

自己

自我診斷性格類型吧！

透過主人翁診斷，就能了解自己？

只要診斷自己的「類型」，說不定就會得到提示，更加了解自己喔！

本書將瑞士心理學家榮格（Carl Gustav Jung）推廣的性格類型，也就是「外向性與內向性」的內容加以調整，設計出「八大類型♡主人翁診斷」，讓大家得以診斷自己所屬的類型☆只要做了這份診斷，就能夠知道自己的「情感傾向」及「擅長的事」。

情感偏向哪一邊？

聽說人的性格可以根據情感傾向大致分為「外向型」與「內向型」這兩種。

心理學家榮格認為，思考時會將感情「表現在外」的人屬於「外向型」，而將其「隱藏在內」的人屬於「內向型」。

一般來講，外向的人善於社交，但個性急躁；內向的人怕生害羞，但較有耐心。

內向害羞　情感　外向活潑

內 ← 自己 → 外

外向型的特徵

☆ 喜歡與人交往

☆ 樂觀開朗，富幽默感

☆ 充滿行動力，但只有三分鐘熱度

☆ 容易因小事而沮喪

內向型的特徵

☆ 怕生，很容易害羞

☆ 行事小心謹慎

☆ 一旦決定，絕不放棄

☆ 雖然沉默寡言，但是個性固執

擅長什麼事呢?

你突然問我擅長什麼……
應該不是指學習
或運動之類的事情吧?

心理學家榮格認為人類的精神功能可以分為:「思考」、「情感」、「感官」及「直覺」。這四種精神功能雖然人人都有,但是占優勢與發展的功能卻會因人而異,而且每個人的個性還會因為發展的精神功能不同而有所差異。

情感　　感官

思考　　直覺

♥什麼是情感?

根據「喜歡・討厭」、「漂亮・不滿意」來決定事物的精神功能。也就是以「喜好・厭惡」為基準來判斷事物的類型!

★什麼是感官?

不是根據喜好及厭惡,而是藉由五種感官,例如「眼前所見」或「耳邊所聞」等方式來感受事物,因此可以冷靜判斷「現在是什麼情況」。

◆什麼是思考?

這是一種利用知識與理論深入思考事物的能力。不會因為「感覺」隨意決定,而是會先實事求是再來做決定的類型!

♣什麼是直覺?

也就是根據「靈機一動」或「創意靈感」來判斷及解讀事物的能力。只要心意已定,就會勇往直前,不需任何理由催促喔♪

[情感傾向] × [擅長的事] = [你的類型]

外向型與內向型這兩種性格與精神功能一共可以組合搭配出八種「性格類型」喔。而這些類型有時還會隨著當時的情感及周圍的環境而有所改變。

從下一頁開始
我們就要來診斷
自己的類型囉!

妳是哪種類型呢？ 8 大類型 ♥ 主人翁診斷

挑戰「主人翁診斷」，找出所屬的類型！
A～H 如果有符合的內容就勾選起來喔♪

A

- ☐ 喜歡加入朋友圈中♡
- ☐ 自己的意見通常與周遭的朋友相同。
- ☐ 非常在意周遭的人怎麼看待自己的行為舉止！
- ☐ 聽朋友訴說煩惱及傷心事時會感同身受，一樣難過……
- ☐ 覺得自己是稍微有點容易受傷的類型

B

- ☐ 發生事情的時候通常會憑「感覺」，而不是深入思考之後再來判斷情況。
- ☐ 對流行趨勢及周遭謠言能大致掌握♪
- ☐ 享受「當下」比過去或未來還要重要！
- ☐ 覺得「一成不變」是件很乏味的事，想要來點刺激！
- ☐ 喜歡戶外運動♡

C

- ☐ 在團體中通常扮演著領導人物的角色！
- ☐ 擔心某事時會經過考慮再做決定★
- ☐ 重視規則和道理勝於自己本身的意見。
- ☐ 在做任何事情之前會先好好計劃！
- ☐ 不擅長與不守規則的人相處。

D

- ☐ 會想嘗試事物的可行性！
- ☐ 與其一直做同樣的事情，不如加些變化，增添樂趣♪
- ☐ 重視未來勝於現在。
- ☐ 遇到問題會想與身旁的人交換意見，尋找方法來解決。
- ☐ 遇到堅持己見、個性頑固的人可能會聊不起來……

E

- [ ] 愛恨分明，所以志同道合的朋友一兩個就夠了！
- [ ] 心中感受不會表露出來，只會默默藏在心裡。
- [ ] 重視自己的看法，不太會受周遭事物影響♪
- [ ] 最討厭「不公不正」和「狡猾奸詐」！
- [ ] 覺得自己擅長工藝與音樂☆

F

- [ ] 經常沉迷在自己的世界裡，最愛天馬行空♡
- [ ] 做「曾經成功的事」和「習慣的事」會比較安心！
- [ ] 記性好，過去的事從來不會忘記。
- [ ] 喜歡深思熟慮勝於靈光一閃。
- [ ] 手邊的東西通常都會珍惜使用★

G

- [ ] 傾聽熟人的意見就可以了！
- [ ] 喜歡思考自己是個什麼樣的人♡
- [ ] 不喜歡引人矚目，也不會堅持己見。
- [ ] 個性深思熟慮，不靠直覺行事♪
- [ ] 腦子裡想法很多，但是付諸實踐時還是需要勇氣的！

H

- [ ] 未來是要靠心中靈感來開啟的！
- [ ] 曾被人說「妳天然呆嗎？」「妳很奇怪耶」。
- [ ] 自己獨力完成一件事時，會非常有成就感★
- [ ] 好像不太擅長將自己的想法告訴別人……
- [ ] 周遭的人往往以為自己做事有條有理，但是家裡其實一團亂。

診斷結果！

在 A 到 H 中，✓ 最多的就是妳的類型♪
✓ 的數量如果相同，那就代表妳有多種類型！

A ✓最多的人	B ✓最多的人	C ✓最多的人	D ✓最多的人
➡60頁	➡61頁	➡62頁	➡63頁
E ✓最多的人	F ✓最多的人	G ✓最多的人	H ✓最多的人
➡64頁	➡65頁	➡66頁	➡67頁

外向型 × 情感型 的妳是…

白雪公主型

特徵

妳是一個溝通能力相當出色，擅長察覺人們感受，能與旁人和平相處、心地善良的人，同時也是一個善於將自己的情感傳達給他人知道的領導型人物。

我想和大家和睦相處♥

社交的 POINT

藉由對話來促進感情！

這個類型的人擅長表達與聆聽喔！所以就讓我們藉由聊天來促進感情吧！

會深受周圍影響？

這個類型的人會非常容易受到旁人影響。所以朋友做壞事的時候一定要小心！

好好聆聽第三者的意見！

與朋友的意見若是一致，有時反而會看不見周遭的情況。因此我們要保持冷靜，好好聽取第三者的意見。

這裡要注意！

因為極具同理心，所以會覺得朋友的苦難與傷痛就好像是自己的。但是這樣反而會非常容易為了小事而受傷。

外向型 × 感官型 的妳是…

美人魚型

我現在要做想做的事！

社交的 POINT

特徵

妳是一個觀察力強、可以立即感受周圍變化的人，而且會毫不畏懼地採取行動，憑靠本能向前邁進的說「我現在要好好享受」。有些人還是手指靈巧的藝術家類型呢！

透過「體驗」某事來促進感情吧

一起做東西或是假日一同出遊，同創回憶，就能加深彼此之間的友誼。

不要指使旁人

有時候我們會因為動作太快而忘了顧慮旁人，甚至指使對方。要保持冷靜！

注意發言，以免傷害朋友！

因為判斷力強，所以會動不動就對個性溫和的朋友感到不耐煩，嫌她動作「太慢了！」要注意。！

這裡要注意！

屬於這種類型的人喜歡刺激，有時會出於好奇把手伸向危險的地方，所以長大後要小心，千萬不要沉迷於賭博之中喔！

C 外向型 × 思考型 的妳是…

貝兒型

特徵

妳是一個會靠邏輯來判斷事物、不會感情用事的人，而且判斷速度非常快！有的人腦筋非常靈活，而且責任心強，往往會受託領導者這個重責大任。

來，大家集合囉！

社交的 POINT

好好聆聽他人意見！

因爲腦筋靈活，其他人往往會跟不上，所以有時候還是要豎耳聆聽旁人的意見。

一起學習，促進友誼☆

只要與朋友有個共同的目標，例如學習等等，就能加深彼此之間的友情喔！

這裡要注意！

堅守規則固然重要，但還是要關心朋友的感受與想法。如果太過強勢，就會變得有點自私。

不要太過在意輸贏

輸不起的人往往會非常在意與人之間「輸」與「贏」。但要小心，不要輕易樹敵。

62

D 外向型 × 直覺型 的妳是…

愛麗絲型

啊！我想到一件有趣的事了♪

特徵

妳是一個感覺非常敏銳、善於發現事物發展可能性的人！經常靈光一閃迸出點子，但旁人卻總覺得妳是一個「天然呆」的人。

社交的 POINT

找一個能了解自己的人！

與好奇心旺盛、樂於和我們分享點子的人相處會比較融洽喔♪

以淺顯易懂的方式來說明！

靈感若要化為現實，就要好好說明，這樣周遭的人才能理解我們的想法！

一旦開始就要堅持到底！

與朋友合作的事若是半途而廢就會失去信賴喔，一定要堅持下去！

這裡要注意！

因為腦子裡的點子非常豐富，所以周圍的人可能會跟不上進度而滿腦問號。另外，就個性來講，不算是一個有耐性的人。

內向型 × 情感型 的妳是…

灰姑娘型

我會陪妳的！

難過的時候

特徵

對他人感受非常敏銳、正義感很強的類型，同時也是一個會好好面對自己與生俱來的感情及內心的孩子。重視「和平」勝過一切。擁有出色的審美觀。

社交的 POINT

宛如無名英雄的存在！

細心周到，善解人意，對於旁人的感情非常敏感，在團體中有可能會是幕後英雄。

不要太過在乎別人的感受

有時會無法劃清界線，把自己的感情和對方的情緒混在一起，因此要適度控制自己的心情。

偶爾與身邊的人聊聊

容易受傷，動不動就埋怨自己，悶在心裡。所以有時還是要好好發洩自己的情緒！

這裡要注意！

會因為自己和他人之間的界限過於模糊而導致自己過於投入他人的悲傷之中，或者因為無法了解自己的感情而倍感壓力。

F 內向型 × 感官型 的妳是…

輝夜姬型

LESSON 2

與自己好好相處的重要性

累積的經驗必須
充分發揮才行♥

社交的 POINT

特徵

妳是那種會根據以往的經驗、過去的傳統與規則來採取行動的人。記性好，有責任感，深受旁人信賴！而且非常懂得珍惜事物。

成為讓大家團結的可靠人物！

當團體意見分歧時，不妨根據以往的經驗，扮演整理眾人意見這個角色。

若是察覺「變化」，不妨探問看看

屬於這個類型的妳善於察覺朋友的變化。要是發現朋友情緒低落，那就問問對方「妳還好嗎？」稍微關心一下吧！

這裡要注意！

太過重視過去的經驗，所以不太擅長憑靠靈感規劃事物。臨機應變能力差，要是遇到突發狀況會無法妥善處理。

與朋友一起克服意外！

遇到突發事件時，屬於這個類型的妳往往會非常努力的靠自己解決。但是問題如果棘手，那就和朋友一起解決吧！

內向型 × 思考型 的妳是…

冰雪女王型

只要深思熟慮 就不會有錯！

特徵

看待事物非常冷靜、能秉持客觀立場的類型。最喜歡利用研究和分析的方式來「思考」，敏銳的見解往往讓周圍的人大吃一驚。將來說不定會成為一名研究員呢！

社交的 POINT

成為一個會深思熟慮、懂得判斷的孩子

屬於這個類型的妳往往需要一段時間才會得到結論。建議與個性隨和的朋友相處。

個性冷靜到將近冷酷？

有時會因為太過客觀而對朋友態度冷淡。所以考慮別人的感受也很重要喔！

這裡要注意！

不管是什麼事情，往往會懷疑：「這是不是在騙人呀？」疑心病太重，有時反而會不敢相信別人喔！

盡量好好說明

不向任何人解釋自己的想法就一意孤行，衝動行事的話，這樣反而會讓周遭的人感到困擾，所以要好好說明喔！

內向型 × 直覺型 的妳是…

樂佩型

我擁有源源不絕
的靈感喔♪

社交的 POINT

特徵

擅長創造趣事、想出新點子的靈感天才！但是卻不太懂得如何向別人說明自己的想法，非常容易變成一個「孤獨的天才」，甚至被旁人漠視。

練習傾聽他人！

屬於這個類型的妳有時會毫不自覺地忽略別人說的話，所以要牢記在心，「先聽對方怎麼說」吧！

這裡要注意！

對自己的想法很有信心的妳，往往會忽視旁人的意見，但是朋友之間的關係應該是「對等」的。別人的話若是聽不進去，那麼彼此之間的交情就會無法熱絡起來。

**好好告訴對方
自己的想法**

想要與朋友一起做某事的時候一定要好好說明，絕對不可以硬拉別人參與。

**一起享受創意
帶來的樂趣吧！**

提出的想法與創意如果能夠讓周遭的人一起參與合作的話，得到的樂趣會增加 100 倍♪

02 寫下關於「我」的 20 件事情

寫下關於「我」的 20 件事情

「20 題陳述測驗」在心理學中是認識自我非常有效的方法。方法非常簡單，只要寫下 20 個以「我是～」爲開頭的句子就好！只要利用 20 題陳述測驗這個方法，就能發現自己從未意識到的性格、當下的感受及煩惱。手邊若是有紙和筆，就可以馬上進行這個測驗，也可以寫在第 70 至 71 頁的表格裡。

20 題陳述測驗

一開始先寫下理所當然的事就可以了

在 20 題陳述測驗中寫一些「我是女生」、「我是小學五年級生」等理所當然的事情也可以。不過要寫下 20 件事可是比想像得還要難。

也建議兩個人面對面回答

兩人一組採用互相問答、互記答案的方式也不錯喔。不過這個時候最好規定對方「每個問題必須在五秒內回答」。

不要想太多，提筆就寫！

在做 20 題陳述測驗的時候最好不要想太多，隨意寫下就可以了。因爲想太久的話就會根據心中所想像的「完美自我」來回答，這樣反而會與實際情況脫節。

想太久的話可能會寫下一個讓自己看起來更美好的答案。所以重點在於不要想太多，直覺反應寫下來就好！

這 20 個寫好之後就回頭慢慢看吧

關於「我」的 20 件事寫好之後先回頭看一下內容。這個時候要注意的是後半部的回答。

找不到事情可以寫的時候，腦子裡就會冒出自己從未想過的個性與煩惱。「原本以為對方善於交際，但個性其實非常害羞的人很多」，再不然就是「其實是一個非常容易受傷害的人」。

終於寫完了！

20個好多喔⋯⋯

我看看⋯⋯

我很會彈鋼琴而且喜歡交朋友⋯⋯

例

① 我 　是女生
② 我 　是小學五年級學生
③ 我 　是長女
④ 我 　很會彈鋼琴
⑤ 我 　喜歡和朋友一起玩

⑮ 我 　有很多格紋的衣服
⑯ 我 　覺得玩 SNS 很麻煩
⑰ 我 　不喜歡 A 和 B
⑱ 我 　討厭被命令
⑲ 我 　喜歡畫畫
⑳ 我 　討厭在背後說人壞話

④很會彈鋼琴　⑲喜歡畫畫

咦？
我雖然很會彈鋼琴，

但是真正喜歡的搞不好是「畫畫」喔？

認識的朋友雖然很多，但是不喜歡的人也不少⋯⋯

我不喜歡老是命令別人或喜歡在背後說他人壞話的人⋯⋯

把它寫下來吧

1 我 _____

2 我 _____

3 我 _____

4 我 _____

5 我 _____

6 我 _____

7 我 _____

8 我 _____

9 我 _____

10 我 _____

⑪ 我 _____

⑫ 我 _____

⑬ 我 _____

⑭ 我 _____

⑮ 我 _____

⑯ 我 _____

⑰ 我 _____

⑱ 我 _____

⑲ 我 _____

⑳ 我 _____

03

透過睡姿，揭露真心！

睡姿會揭露自己的真心喔！

一般認爲人的「性格」與當下的心思會透過睡覺的姿勢展現出來，所以大家早上起床之後不妨留意一下自己的睡姿，或者從這裡介紹的 10 張插圖選擇最能讓人安心的睡姿也可以，這樣我們就能從深層心理學的角度來了解與朋友相處的方式了。

透過睡姿來診斷吧

接下來要介紹
10 種睡姿，
大家可以挑選一下
最相近的姿勢喔！

身體側躺，縮成一團

自我封閉的類型，「想要被保護」的念頭非常強烈。守口如瓶，深得朋友信賴。在現實生活當中據說有 41% 的人都是這種睡姿！

身體側躺，膝蓋微彎

這個睡姿可以自由翻來覆去，所以能保持平衡，而且情緒穩定。睡姿屬於這種類型的人不太會壓抑自己，對朋友的態度也是十分坦率喔！

身體朝下趴睡

個性認真可靠,而且還非常守時喔!不過身旁的人可能會覺得妳是一個話比較多的人。

身體朝上仰睡

又稱「王者型」。誠如其名,採用這種睡姿的人通常會對自己充滿信心。個性坦蕩,而且態度從容大方☆

嗯,我應該是「身體側躺,縮成一團」或者是「身體側躺,腳踝重疊」比較多吧……

身體側躺,腳踝重疊

睡覺時腳踝會重疊的人現在極有可能因為人際關係而備受壓力喔!

雙膝彎曲,腰部抬起

這個睡姿較為少見,不僅較淺眠,屬於心裡容易累積壓力的類型。

身體仰躺,手放胸前

仰躺睡覺時雙手放在胸前,代表保護身體的意念非常強烈。也有可能是因為身體感到疲倦。

夾住枕頭,抱著棉被

彷彿是「有所求」的樣子。採用這睡姿的妳理想非常高,但也有可能因為理想與現實有所差距而煩惱。

身體朝上,雙膝立起

採用這睡姿的妳脾氣有點暴躁,不擅長轉換心情,動不動就因為失敗而耿耿於懷,或者陷入苦惱之中。

從頭到腳,蓋上棉被

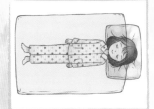

睡覺時整個人都蒙在棉被裡的人大多數都會想太多,說不定個性還會非常容易陷入低潮呢。

了解自己喜歡什麼

只要了解自己喜歡什麼，就能打開話匣子喔！

我們在第 15 頁曾經提到，「擁有相同目標或興趣（喜歡的事物）的人容易打成一片。」但是妳真的知道自己喜歡什麼嗎？我們喜歡的有可能是漫畫、音樂、電視節目等各種事物，但是喜歡的內容卻非常容易受到流行趨勢影響，而不是單憑自己的喜好來選擇。掌握真正喜歡的事物有助於深入理解自己，讓我們好好想一下自己的「喜好」吧！

我喜歡的東西呀？應該就是遛狗、看書還有直播影片、動手做雜貨，還有……

前面介紹的「20 題陳述測驗」也能讓我們知道自己喜歡什麼喔！但是最大力推薦的，就是製作一張屬於自己的「喜好地圖」♪

嗯？喜好地圖？你的意思是畫一張跟「喜好」有關的地圖嗎？

製作一張「喜好地圖」

在整理自己的「喜好」時，建議大家製作一張「喜好地圖」♡顧名思義，
喜好地圖就像是一張整理出自己喜好的地圖。只要有紙和筆，就能夠
輕輕鬆鬆地寫下來。既然如此，就讓我們立刻提筆挑戰看看吧！
建議大家每隔幾個月就重寫一次喜好地圖。只要定期更新，就能察覺
自己的喜好有何變化，以及「一直非常喜歡的事物」，會很有趣喔♪

與第一次見面的人
就有話題可暢聊！

只要將喜好地圖拿給剛認識的朋友看
就能製造話題喔！像是「我也喜歡這
個！」『這是什麼籌等♪一旦共享興趣，
聊天的內容就會越來越豐富♥

自己喜歡什麼會更明確！

自己喜歡什麼有時候反而連自己也不
知道。但是只要寫在喜好地圖上，就
會發現意想不到的「喜好」，也能看出
真正屬於自己、非受他人意見影響的
「喜好」喔♪

深入了解
現在交情較好的朋友！

一起和好朋友製作喜好地圖看看吧！
彼此的喜好地圖交換之後就可以更加
了解對方的興趣，搞不好還會意外發
現共同點呢★

和好朋友交換「喜好地圖」好
像很有趣耶！下次我要和琴
音還有美麗試看看♪

喜好地圖可以自由的、隨意的寫下妳喜歡的內容喔！大家可以善用第 78 ～ 79 頁的表格，試著直接寫在白紙上也可以。而這一節要爲大家介紹寫在白紙上的方法。

STEP 1
先在中間寫上自己的名字

先在紙張的正中央寫下自己的名字。這樣就能以此爲中心，整齊地在旁邊寫下喜愛的事物了！連同生日一起寫或者是加上插圖也不錯♡

喜好地圖的類別可以參考下列的一覽表♪

STEP 2
寫出類別

與其單純將喜歡的事物寫下來，不如先寫下類別」，這樣不僅方便閱讀，說不定還會發現意想不到的「喜好」呢☆

寫在喜好地圖上的類別

♥科目	♥偶像	♥首飾
♥食物	♥模特兒	♥動物
♥飲料	♥喜劇演員	♥人物角色
♥運動	♥電影	♥在家打發時間的方法
♥音樂	♥戲劇	♥景點
♥小說・漫畫・雜誌	♥打電動	♥人物角色
♥動畫	♥圖案	♥影片上傳者
♥演員・女演員	♥名牌	等等

STEP 3
寫下喜歡的事物吧

按照類別將喜歡的東西通通都寫下來吧！只要把想到的事物都寫下來，這張紙就會變成一張生動有趣的地圖喔♪

推薦的地方也寫下來吧

利用彩色筆會更可愛♪

喜好地圖的範例

『○○△△××』
『××○○□□』♪
JS是英雄的動作！很有趣喔～

漫畫

科目
數學不太拿手
國語、體育、音樂♪

動物
最喜歡了♡
我常去動物園玩喔
。小狗！
。熊貓！ 。水豚！

食物
。漢堡
。燉牛肉
我最喜歡有起司的漢堡♡♡

20××年0月△日 出生

莫奈的喜好地圖

打電動
線上遊戲的《玩具熊的五夜驚魂》○○先生正在YOUTUBE上直播喔！

飲料
。珍珠奶茶
。哈密瓜汽水
○○是店家的招牌喔～♡

運動
。排球
。躲避球
。籃球
喜歡打球♡
但是馬拉松可能不行……

名牌
我喜歡氣氛成熟的品牌♡
。JS LOVE
。CHOCO

存錢
正在買新款洋裝

把 寫 下 來 吧

這是一張網羅幾個具代表性的類別、可以當作喜好地圖來填寫的表格★

♥科目

♥食物

♥音樂

♥飲料

♥電影·連續劇

♥景點

藝人

♥書籍（小說、漫畫等）

生日 _____

畫一幅 Q 版人像吧！

♥動物

♥人物角色

的喜好地圖♥

♥

※ 選一個喜歡的主題寫下來吧

要好好珍惜自己

最喜歡的人是自己♥

當我們遇到失敗，或者事事不如意時，不管是誰一定會感到挫折，覺得「我這種人怎麼可能做得到」，是吧？然而我們在這一章的開頭便已經告訴大家人際關係的基本原則，那就是「要與自己好好相處」。

妳若是不覺得自己是世界上最重要的人，就算有好友相伴，也只會覺得心煩。唯有喜歡自己、珍惜自己，才能夠與朋友平等相處喔！

像我這樣的人…

只要喜歡自己……

讓我來告訴大家喜歡自己會有什麼好事發生吧♪

可以給自己勇氣！

就算遇到失敗或感到自卑，也能鼓勵自己，告訴自己：「可是我有這些優點喔！繼續加油吧」♪

可以接受有缺點的自己！

要是不喜歡自己，對於不好的那一面就會因為「不想面對！」而逃避。但若能夠喜歡自己的優點與缺點，並且接受不完美的那一面，就有機會讓自己改進。

可以保持樂觀！

只要相信自己的能力，在面對事物時態度就會非常積極♪因為樂觀的人身旁都會聚集個性同樣開朗積極的人。

01

把失敗當作「好事」

不管是誰，遇到失敗難免會沮喪，但是失敗從來就不是壞事喔！俗話說的好：「失敗乃成功之母。」可見失敗是一個機會。只要善用失敗，就可以讓我們脫胎換骨、蛻變成長，甚至帶來下一次的成功。

要是不幸失敗，那就想一想爲什麼沒有成功，試圖從中找出原因，下一次做的時候不要重蹈覆轍，犯下同樣的錯誤就好了♪

失敗是件好事的三個理由

理由 1

失敗是接受挑戰的證明！

爲什麼妳會覺得自己失敗了？那是因爲妳曾經挑戰過。所以我們要多多稱讚鼓起勇氣採取行動的自己。

理由 2

正因為曾經失敗，下次才會成功！

只要反省失敗的原因，就會知道需要改進的地方。而知道要改進的地方，就代表距離成功又靠近了一步♪

理由 3

能夠發現自己意外的一面！

在回顧失敗原因的這段期間同時也是重新檢視自己的時間。因爲我們可以在這段時間裡找到「有勇氣的自己」和「努力振作的自己」！

我一直以爲失敗是一件讓人傷心難過、厭惡自己的事情……我就是因爲討厭失敗才會無法挑戰的。不過從現在開始，我應該可以勇於嘗試新事物，不害怕也不擔心失敗了！

02 充滿自信的思考方式

應該有很多人對自己沒有什麼信心吧？妳覺得他們為什麼會缺乏自信呢？那是因為「他們會拿自己的事情與別人比較」。

既然他人不是自己，當然就會有所不同。所以不管是拿手的事情還是過的日子，當然也就會不一樣。既然如此，因為與旁人比較而讓自己的情緒陷入低潮，甚至覺得「我比較厲害！」這樣又有什麼意義可言呢？

世上的人有千百種。
如果老跟別人比較，
就會對自己越來越
沒有自信喔！

沒有自信是因為 一直和別人比較！

我要學會
彈鋼琴！

大家都
好強，快跟
不上了……

我比那個女生
還要快學會難
的樂譜喔！

鋼琴比賽輸給
那個女生了

與他人比較時，就會像這樣只在意
與其他小朋友的差異，完全忽略自己
的成長，這樣只會一直面對別人，
而不是「自己」了。

想要擁有自信，就要與過去的自己比較！

與過去的自己比較一下，看看自己「成長了多少」吧！要是無法如願成長的話，比較一些小事也可以喔！像是「交到新朋友」或是「多了一個興趣」。

鋼琴已經可以彈得這麼厲害了喔♪

可以慢慢試彈難度高一點的曲子了！

開始學鋼琴了

已經厲害到可以參加比賽了！

只要與自己比較……

只要與過去的自己比較，知道自己成長了多少、做得到的事增加了多少，整個人就會感到非常幸福喔♪如此一來不僅會更愛自己，自信也會跟著加倍。要是能夠空出時間面對自己，成長的機會就會大大增加♪

可以彈新的樂譜了喔♥

只要換個比較的對象，心情就會完全不同喔！

不用全部自己承擔

有責任感是一件很棒的事情喔！但要是努力過頭，常常想著「這件事情非我不可」或是「拜託別人幫忙不會被討厭嗎」，反而會把自己弄得疲憊不堪。

我們在第 32 頁曾經提過，心理學中有份資料顯示，拜託別人幫忙有時反而可以增加好感。所以大家不需過於拘謹，有時候其實是可以拜託別人幫忙的。

尋求幫助時的 POINT

沒說出口的事別人不可能知道

對方不會通靈，我們不說，人家就不會知道自己現在遇到困難。若是需要別人幫忙，那就好好開口把事情說出來吧。

需要幫忙的事要具體說明清楚

要具體說明自己希望對方怎麼幫忙。只是說「我遇到麻煩了，拜託幫我一下」的話，只會讓對方一頭霧水、不知所措。

事後一定要謝謝人家的幫忙

拜託人家幫忙一定要好好道謝。而當對方遇到困難時，也要主動出手相助喔♪

如何好好
珍惜自己

接受自己
做不到的事

「只要是跟自己有關的我都喜歡！」應該沒有多少人會這麼說吧？因為不管表現有多出色，還是有人會對自己感到自卑的。

然而「做不到」從來就不是壞事。這就和失敗一樣，是會讓人成長的喔。只要我們接受自己做不到這個事實，之後再透過完美方式來攻略，這樣就能讓自己變得更美好！

讓做不到變成做得到的三個步驟

STEP 1
想想為什麼做不到

若是覺得自己有些地方「做不到」，那就想想看要怎麼做才能扭轉情況。沮喪的心情是成功的障礙，就讓我們正向思考，向前邁進吧！

STEP 2
試著訂立小目標

重點在於目標不要一下子設太大，要想一些可以實現的小目標，例如「與兩個知心朋友以外的人聊天」、「看兩頁書」等等。

STEP 3
稱讚自己長大了！

就算是步驟 2 訂立的小目標，只要有做到，那就多稱讚自己，這樣在進行設定下一個目標的時候就可以考慮稍微提高難度了喔！

要是突然訂立一個像「和全班說話」或者是「一天唸書一個小時！」之類的目標，要是無法達成，反而會讓人更沮喪。最重要的是要「步步實現小目標」！

05

寫一本「表揚日記」吧

接下來要向大家介紹一個喜歡自己、向前邁進的絕招。那就是寫「表揚日記」。顧名思義，這是一本讚美自己的日記。

不管是內在自我、言行舉止、成長經歷，還是努力過程，覺得自己哪裡做的不錯，就把它寫下來。就連「腦科學」這個領域也證明人如果受到稱讚，大腦就會因爲快樂無比而更加靈活喔！

拿起筆記本和筆，先寫一週看看吧！相信大家會對自己越來越有自信的♪

可以這樣寫

○月△日（一）
今天第一次和穗香聊天！而且是我主動找她的！眞的很棒♪穗香好像很喜歡《○○》這部漫畫。那我也要再看一遍！

POINT
與朋友有關的資訊要是能和自己努力的事情一起記下來，下次聊天的時候就不會忘記了喔♪

○月×日（二）
主動幫媽媽做家事。包水餃的技巧比以前進步很多，所以得到媽媽的稱讚♥有所成長的自己實在是太棒了！

POINT
就算是理所當然的事，只要有努力就寫下來！就算是小小的「稱讚」也會帶來自信喔♪

○月△日（三）
補習雖然很累，但我還是把作業給寫完！我眞的很勤奮！

LESSON 3

學習面對
各種情感

妮可，妳好慢喔！

喔，嗯……

……

瞪

嘿，琴音。
借我紅筆！

你跟別人借吧！

轉頭
離去

啊，
她是我們班的。

比較會打扮的人
明明是我。

真是的……

最近脾氣真的很暴躁。

連最基本的禮貌都沒有。

琴音是不是不太會處理自己的情緒呀……

你！

你是誰呀？

我是小朋

明明知道自己不該這樣，卻還是不小心傷到別人，是嗎？

窸窣

窸窣

好啦，先把眼淚擦乾

是啊，我也很討厭自己這樣……

我來教妳如何克服「負面情緒」吧！

「情感」是什麼？

與感覺、想法息息相關的情緒

情緒所表達的是我們對事物的感受，有喜、怒、哀、樂等感情♪情緒通常會隨著「感覺」或「想法」而湧上心頭，與自己的意志無關。

例如當我們在享受美食的時候會感到非常幸福，但是一想到自己不擅長的科目就會嘆氣。

這些情緒都可說是因爲感覺及想法而產生的感情喔！

萌生的情緒不需要壓抑！

只要是人，都會有感情的。就算是負面情緒，也不需要強迫自己壓抑喔！要是一直壓抑情緒而導致壓力變大，這樣總有一天會崩潰的。因此妥善處理感情是一件非常重要的事。

壓抑情緒

↓

壓力累積

↓

情緒崩潰

妥善處理情緒的方法

學習如何做自己，不讓負面情緒成為阻礙！

適時 放手

我們非但沒必要壓抑自己的感情，更不需要讓某種情緒停留太久。不管是正面情緒還是負面情緒，都建議大家早點放下。心情只要經過整理，就會舒暢無比♪

他人感情 擱一旁

有時候人們會不太容易放下自己的感情，甚至對周圍的人造成傷害。要是被這樣的情緒影響，到頭來會連自己也跟著陷入悲傷的……所以我們要盡可能別讓他人的情緒影響自己。

積極 正面迎對

當我們陷入一段無法輕易放手的強烈感情時，那麼不妨試著找出這段感情的來源。每一段感情的背後往往會隱藏著許多情緒。這個時候建議大家試著將這些感受全部都寫在同一張紙上，好好的面對它。

情感 & 性格心理 小百科

每個人心中的情感和與生俱來的性格都有一個名稱喔♪
接下來就來為大家介紹每種感情與性格的特徵，
以及融洽相處的「攻略重點」！

〔憧憬嚮往〕　POSITIVE

會被符合心中理想的人事物深深吸引。心神嚮往的
情感通常也會成為一股激勵我們的動力，而且一定
會帶來正面影響♪要是懷有嚮往的心情，不管是運
動還是學習，都能積極向上，全力以赴喔！

攻略重點　心中如果有憧憬的人，那就試著模仿對方的迷
人之處。不過有時羨慕反而會變成嫉妒，這點要小心喔！

那個人好厲害喔

〔焦慮不安〕　NEGATIVE

怎麼辦～～

焦慮是事情無法如願進行所產生的一種不安情
緒。當我們的目標或期望與現實差距太大時，就
會產生這種情感。心情一旦被焦慮所支配，步調
就會失去節奏，這樣反而會出現平常不太會犯下
的錯誤。

攻略重點　先深呼吸，來杯熱飲，讓自己冷靜下來♪
只要重拾步調，焦慮的心情就會消退！

你別太過分喔！

生氣憤怒 `NEGATIVE`

這是對別人或對自己生氣的心情。憤怒的背後通常會隱藏著許多其他情感。這樣的情緒一旦變得強烈，就有可能會打人或砸東西，因此要多加小心留意。

攻略重點 處於憤怒的時候要一邊說服自己，一邊控制情緒♪如果有想到息怒的方法，那就試著說服自己，平息怒氣。

膽小怯懦 `NEGATIVE`

我做不到啦⋯⋯

沒有辦法克服困難或者無法吃苦耐勞的人個性通常都會比較「怯懦」。怯懦是指缺乏完成事情的毅力，有時還包括了做事只有三分鐘熱度，或者是找各種理由躲避現實等行為喔！

攻略重點 有心想要改變怯懦這種個性的人，可以先從實現小目標做起喔！這樣在積累成功經驗的同時，就能夠慢慢提高動力了♪

嘿嘿！

尖酸刻薄 `NEGATIVE`

對自己以外的人說壞話、欺負或者是排擠他人的態度。這種充滿惡意的情緒通常是自我內心脆弱所造成的。而攻擊別人的目的，往往是為了平息自己煩躁的心！

攻略重點 說話刻薄的個性想要改過稍有難度。當我們心裡頭產生想要攻擊對方的念頭時，不妨先想想，這種情況要是發生在自己身上會有什麼感受，並且試著克制自己，告訴自己不要這麼做。

哼

〔狂妄自大〕 NEGATIVE

以為自己是國王，對旁人的態度十分傲慢。這樣的心態是由「不想讓人瞧不起」或「想要成為第一」的想法而來的。態度要是太過狂妄自大，場面氣氛就會變得非常緊張，這樣反而會給周圍的人帶來非常大的困擾！

攻略重點 說話時口氣非常不屑，或者態度傲慢、自以為是的話，這樣反而會讓旁人反感。有求於人的時候，態度一定要謙卑有禮才行★

〔溫和療癒〕 POSITIVE

少了傷心或痛苦的事、平靜無比的心情。當我們在浴缸裡悠閒泡澡或者是看到可愛的動物時，偶爾會脫口說出「好療癒喔！」對吧？這是一種可以讓心情變得溫和、積極向前的情感。

攻略重點 只要將體貼的心情化為語言，就能治癒身旁的人喔♥那些鼓勵人心的話語以及關心健康的字眼會更有效！

溫柔婉約～

受不了耶！

〔煩躁不安〕 NEGATIVE

當心情因事情進展不順利而煩悶焦慮時，通常會用「煩躁」來形容。只要經過一段時間，煩躁感應該就會慢慢消退；但如果持續下去，壓力有可能越來越大，導致疲憊不堪。

攻略重點 煩躁的心情若是越來越強烈，不妨試著大聲說出「停！」也許能立刻轉換情緒，煩躁心情也會慢慢平靜下來喔！

欸，我騙你的啦～

〔滿口謊言〕 NEGATIVE

滿口謊言的人叫做「騙子」。這樣的人喜歡用謊言來吸引旁人的注意力、看對方露出驚訝的表情，所以才會忍不住說出一些根本就不存在的事。但是放羊的孩子當久了，以後就算說實話也不會有人相信喔！

攻略重點 談話時要看對方的臉，或者在傳送訊息的時候試著想像對方的模樣。只要意識到對方的存在，就會比較不容易說謊！

〔疑心疑鬼〕 NEGATIVE

嗯……有點可疑喔！

對於每件事情會懷疑它的正確性。不會輕易相信資訊，而且行事謹慎。這麼做的原因是為了保護自己。但如果連重要的人都懷疑，很可能會破壞彼此的信賴關係喔！

攻略重點 重點在於要相信朋友或家人說的話，所以讓我們先信任對方，努力建立美好的關係吧！

〔粗枝大葉〕 NEGATIVE

隨便啦！

不太在意細節，只憑自己的感覺做事。這種性格的人雖然擅長思考大致的構想及大膽的想法，卻好像不太善於訂立詳細的計畫……這樣的話，周圍的人可能會覺得你做事「不夠細心」！

攻略重點 在從計劃階段進入執行階段之前，不妨先決定必須完成的工作順序。只要按部就班，完成工作，就能減少因為疏忽而造成的失誤！

我好害怕……

〔戰戰兢兢〕

NEGATIVE

性格膽小的人往往不容易踏出新的一步，而且不少人應該會在關鍵時刻，因為想太多而錯失良機。另一方面，為了避免失敗，他們通常都會認真準備，算是一個非常勤奮努力的人喔！

攻略重點 只要機會降臨，那就告訴自己「就算失敗也應付得來的」。如果還是不行，那就拜託家人或朋友在背後推你一把，給予支持吧♪

〔話多長舌〕

NEGATIVE

喜歡聊八卦，而且還會四處宣傳。溝通技巧雖然不錯，但是「話多長舌」往往帶有負面含義。一個不小心，就會因為口舌之災而失去旁人的信任喔！

攻略重點 聊天的時候不可以亂說那些會傷害別人或讓人蒙羞的閒言閒語喔！可以聊聊學校、自己感興趣的事、電視及偶像等有趣的話題，好讓氣氛更加熱絡♪

聽說呀~

嗯嗯，很好喔★

〔忠厚老實〕

POSITIVE

個性老實，對於別人說的話深信不移。正因為不疑他人，有時反而會遭人利用或被騙。只要對方態度一強勢，就算心不甘情不願，也會不發一語，默默接受。

攻略重點 個性單純固然是好事，但是不能對自己的感受說謊。自己不喜歡或不想做的話就直接告訴對方，以免被不誠實的朋友占便宜，這一點很重要喔！

哇〜

哇〜

〔傷心難過〕

因為痛苦的事而傷心難過的情感。悲傷往往會與各種情緒有所牽連,例如孤獨或痛苦。所以當我們感到悲傷時,就會什麼事也不想做,或者是哭個不停。

攻略重點 可以透過讓人感到療癒(第94頁)的事情來舒緩悲傷。例如大吃一頓美食或者睡一場大覺,讓自己慢慢重拾活力。

〔忍氣吞聲〕 NEGATIVE

即使遇到痛苦或悲傷的事也會忍下去的情感。有時忍耐是有意義的,因為這麼做可以讓自己成長;但是有時忍耐,只是在浪費時間與體力。要是都超過限度,就會對身心造成極大的壓力,要注意!

攻略重點 在自己心中訂立一個獎勵規則,例如「只要忍耐一次,就可以得到一個OK」。忍耐就會變成一件非常有趣的事,而且還能輕易過關呢!

忍給你看……

〔堅持己見〕 NEGATIVE

絕對不行!

堅信自己的想法,擁有跟石頭一樣堅毅的性格。有時非常固執,思想偏頗,不太擅長聆聽他人意見,而且不易認錯,甚至還會因為失敗而拖累別人!

攻略重點 就算認為自己沒錯,有時堅持下去反而會造成困擾。但是只要懂得尊重並且聆聽旁人的意見,看待事物的視野就會越來越遼闊喔♪

拜、託、啦！

滿心期待

POSITIVE

期待理想未來的心情非常熱烈。這是一種積極的情緒，希望自己「成爲這樣的人！」而且越是期待，就越有動力邁向未來，實現理想。旁人的期望也會化爲動力，激勵我們要「不負衆望」♪

攻略重點 期待的心如果激發了動力，那就要打鐵趁熱，立卽行動。就算遇到困難，也能憑靠幹勁與氣勢克服難關★

心血來潮

NEUTRAL

去散步吧～

採取行動時隨心所欲，想到才會做。這種個性的人做事通常毫無計畫可言，想法說變就變，往往讓旁人不安。但是這種天馬行空的想像力，有時反而會是大家信賴的「點子王」。

攻略重點 反過來說，心血來潮有時也能算是因爲好奇心旺盛喔！所以就讓我們列出自己感興趣的事情，逐一挑戰吧♪

討厭！

我不要！

望而卻步

NEGATIVE

無法喜歡某個人或某件事的厭惡心情。這樣的情緒通常來自傷害自己或者是讓自己感到不舒服的事情。厭惡的感情一旦萌生，恐怕就要花上一段時間及訓練才能克服了……。

攻略重點 有討厭的事物並不是壞事喔！不管怎麼做就是無法喜歡上它的話，那就不需要勉強自己，耐心面對就好了喔。

【緊張兮兮】　NEGATIVE

心跳加速！

對於即將發生的事感到不安，整個人緊繃僵硬、直冒冷汗。經常出現在首次挑戰事物，無法充分發揮實力！另一方面，適度的緊張可以集中注意力，反而帶來好處♪

攻略重點　平常就算是小事也要積極嘗試。只要經歷過各種令人緊張的場面，日後就會慢慢習慣，遇到陌生的場合就不會那麼緊張了！

【瞧不起人】　NEGATIVE

自以為別人比自己差，因而愚弄或輕視對方的情感。之所以鄙視，通常是因為道聽途說或任憑臆測而來的，所以千萬不要有先入為主的觀念，要秉持公正的態度來看待對方喔！

攻略重點　試著「找尋對方的優點」吧！每個人都有出色的特點，如果能夠好好尊重，自己也會跟著成長★

哼！

【懊悔萬分】　NEGATIVE

明明可以做得更好的……

「早知如此，何必當初……」這種事後才後悔的心情就叫做「懊悔萬分」。這是一種因為害怕失敗而沒有採取行動，事後才來責備自己的感情。但越是如此，就越會把自己逼到無路可逃……

攻略重點　不管有多後悔，過去的事都已經過去了！既然如此，何不接受已經發生的事實。稍微轉個念，下次再好好善用這段曾經令人後悔的經驗就好了。

特立獨行

獨有的特點格外醒目。所謂「特別」，是指與他人不同的特質。有自信的人會覺得這是一種讚美，但是沒有什麼自信的人卻會覺得這是一種「指責」。

攻略重點 人們所說的「有個性」，所指的就是與眾不同的優勢！只要把這個特質當作自己的強項盡情發揮就好了★

「奇怪」是一種稱讚，對吧？

自卑感

NEGATIVE

不管是對人還是對事，都會覺得自己差人一截的感覺。正確來講叫做「自卑感」。這樣的心情通常來自憧憬或嫉妒。要是過於強烈，就有可能連自己的優點也看不見！

攻略重點 努力克服自卑情結也能獲得成長，心中如果嚮往的事情，就試著努力接近它吧♪

真羨慕別人有一頭秀髮……

罪惡感

NEGATIVE

因為自己的失誤或行為而傷害某人時，心中若是感到內疚或難過，這樣的心情就叫做「罪惡感」。這是個性單純的人應有的正當情緒，但是罪惡感若是太深，反而會認為這一切都是自己的錯。

攻略重點 當你做了讓你感到抱歉的事情時，誠心道歉就可以了。只要好好反省，就不需要太過擔心煩惱，同時還要盡快調適心情喔！

我做了一件很過分的事……

〔寂寞孤單〕 NEGATIVE

垂頭喪氣

沒有朋友，孤單一人的悲傷感受。這樣的心情通常會在身邊無人，或者是雖有人陪，卻仍覺得與世隔絕的時候出現。就算是在做喜歡的事，只要一感到孤獨時，也未必能樂在其中……

攻略重點 要是在心中對旁人立一道牆，就會更容易感到孤獨喔！所以我們要積極與周圍的人交談，進而營造愉快的氛圍！

〔幸災樂禍〕 NEGATIVE

活該啦！

做得比別人成功，或者看到有人失敗時會覺得心情會特別好。這種情緒往往會出現在非常在意對方時，對於陌生人或不熟悉的人通常不會發生這種感覺，還有可能把對方當作競爭對手來看待！

攻略重點 就算心裡頭有這種感覺，也不可以隨便說出口，因為這樣可能會傷害到對方！為了避免問題發生，要是有這樣的想法就放在心裡吧！

〔自我意識過剩〕 NEGATIVE

我今天也很可愛！

太過在意別人對自己的看法或者是自己在他人眼中模樣，這樣的心態叫做「自我意識過剩」。而為了讓自己看起來更好而撒謊，或者一直照鏡子檢查髮型的人……說不定也自我意識過剩喔！

攻略重點 一邊照鏡子一邊練習微笑吧！如果能把燦爛的笑容當作武器，整個人就會更有自信，這樣不管遇到什麼情況都能自然應對♪

不用擔心我！

〔犧牲小我〕 NEUTRAL

爲了實現一個偉大的目標，就算犧牲自己的時間和精力也在所不惜的心情。這種念頭往往來自體諒或同情。此外，這也是一種保護自我的方法，以免自己對別人產生憐憫之心，或者因爲無法實現目標而內疚。

攻略重點 當我們懷著自我犧牲的心態爲他人努力時，這樣的作法若是得不到認同，極有可能會在心中留下悲傷的回憶。所以除了關心別人，我們也要好好珍惜自己。

〔愛出風頭〕 NEGATIVE

這是一種爲了引起衆人注意而刻意展現自己的心態。每個人都想成爲衆人矚目的焦點，但這個想法要是太過強烈，最後就會開始說謊或傷害別人，要注意喔！

攻略重點 要是爲了宣揚自己的號召力而撒謊的話，這樣反而會破壞自己的形象喔！記住，態度自然才是最美的！

這個角度拍照不錯～

〔自我正當化〕 NEGATIVE

我沒有錯！

把自己造成的失敗歸咎於他人或周圍環境的行爲稱做「自我正當化」。支持自己有時是必要的，但如果每次失敗都怪罪於別人的話，到頭來只會重蹈覆轍，一直犯下同樣的錯誤！

攻略重點 就算想要怪罪於他人，既然失敗的人是自己，那就要勇敢面對，這才是最重要的。只要好好反省、道歉，下次說不定就會找到更好的辦法♪

交給我吧！

〔信心十足〕 POSITIVE

對於自己的技能和外表非常信任的態度稱爲「自信」。這是我們爲了達到理想的自己經過一番追求及努力慢慢得來的。因此有自信的人總是閃閃發光，深得他人信賴♪

攻略重點 想要增加自信的時候，不妨向擅長那個領域的人請教一番。只要想像自己是那個人並試圖解決問題，沒有把握的念頭就會轉爲自信喔！

〔不懂裝懂〕 NEGATIVE

你說那個呀！我當然知道

明明不太清楚卻要裝懂的心態。這種性格的人通常自認學識淵博，所以會希望受到旁人尊重，有時甚至會爲了炫耀知識而插嘴或打斷別人談話！

攻略重點 千萬不要爲了得到旁人認同而不懂裝懂，反而要好好想想如何善用自己擁有的知識！

每次都是她，太狡猾了吧……

〔嫉妒吃醋〕 NEGATIVE

當競爭對手或朋友的成績比我們好的時候，往往會因爲不服氣而心情煩躁，甚至在心中產生敵意。越是羨慕對方，這樣的情緒就會越強烈。若是失控，就會演變成霸凌甚至暴力行爲。

攻略重點 把「羨慕」的心情轉變成「我要這麼做」的上進心吧！成長的關鍵在於維持自己的節奏♪

我沒興趣！

〔被動消極〕 NEGATIVE

不採取進一步的行動也不想努力的性格。態度消極的人對自己通常沒有什麼自信，想法也會比較負面……這樣心態據說是因為被稱讚或被認同的經驗不多而產生的。

攻略重點 某件事若是「通常會這麼做」，那就試著採取相反的行為看看。有時大膽的行為反而可以成為改變自己的契機呢！

〔潑他人冷水〕 NEGATIVE

天哪～好無聊喔！

當場把氣氛搞砸而且讓局面越來越僵的行為就叫做「潑冷水」。大家聊得正開心時要是突然說些傷感的話或者是無關緊要的事，氣氛就會變得很尷尬。這樣的行為通常會讓大家失去聊天的興致。

攻略重點 心情好的時候就盡情享受，心情不好的時候就好好體諒旁人。重點在於營造適合當下環境的氣氛。

〔慎重行事〕 NEUTRAL

要小心一點才行……

「慎重」是指性格謹慎。這種個性的人在動手做之前，通常會做很多準備及調查，所以失敗的機會比較少，這是優點♪這種人大多責任心強，當計畫完美劃下句點時，說不定會露出熱血的一面喔！

攻略重點 做事太過慎重有時反而會因為無法大膽行動而倍感壓力！這時不妨「稍微換個角度」，讓自己喘口氣吧！

請放心！

信任信賴 POSITIVE

相信對方、依賴對方的心情。信賴是一種當人遇到瓶頸時，對於那些曾經伸出援手、友善對待的人感激不已之際所產生的情感。只要與他人建立信任關係，彼此之間就會成為患難相助的強大盟友喔！

攻略重點 得到人們信任最重要的一點就是保持誠實。只要真誠對待每一個人，就能自然而然的建立起信任關係♪

倍感壓力 NEGATIVE

因為外界的刺激而導致身心緊張的情緒。原因很多，有可能是天氣、生病、煩惱，也有可能是人際關係造成的。沒有好好控制的話，就會引起身體不適或夜不成眠等不良影響喔！

攻略重點 壓力要是越來越大，那就做些喜歡的事情來釋放壓力吧！要是無法立刻抒解，只要大聲喊叫，心情也會舒暢許多★

心靈

受創

偷個懶吧！

反正沒人看到

投機取巧 NEGATIVE

投機取巧的人在採取行動時通常會比別人還要重視自己的利益，而且還有偷偷搶人功勞的傾向。做事的時候若是靠得失心來處理，這樣旁人就會覺得你這個人「很狡猾」！

攻略重點 狡猾的本質反過來說就是懂得掌握要領。為他人行事時要是能夠不計較自己的得失，這樣就會成為一個更有魅力的人♥

責任感

交給我吧！

對於自己的行為以及被賦予的角色盡力完成的心態。責任感強的人不管做什麼事都會全力以赴，對旁人來說是一個值得信賴的依靠。為了爭取好成績而努力的模樣說不定還是大家嚮往的目標呢♪

攻略重點　如果你的責任心強到會要求他人也要跟著這麼做的話，那麼周遭的人可會壓力大到無法喘息。其實只要大家攜手合作，就能一邊樂在其中，一邊達成目標了！

積極樂觀

POSITIVE

集合囉！

會主動出擊、採取行動的人個性通常會非常「積極樂觀」。主動的態度讓他們樂於接受任何挑戰，累積的經驗更是豐富♪正因富有挑戰精神，所以在學習及運動方面也能迅速累積實力★

攻略重點　一定會有些人做事被動，無法積極應對。周遭若是有這樣的人就稍微伸出援手，拉他們一把吧。但要小心的是千萬不要強迫對方接受你的做事方法喔！

心好像有點痛……

無奈無助

NEGATIVE

我們的心情有時候會因為悲傷或孤獨而感到苦悶。讓人無奈的理由各不相同，而且心情往往會因為無能為力的事情而動搖。除了悲傷，戀愛的時候也會有這樣的感覺喔！

攻略重點　了解悲傷的原因對我們來說是一件非常重要的事，所以就讓我們試著正視問題。要是找不到方法解決的話，找個替代方案說不定也是一個選項。

〔尊敬崇拜〕

POSITIVE

太強了！

欣賞某人的性格或行為是一種非常積極正向的心態。只要有人受到我們尊敬，心裡頭說不定就會產生「想要和那個人一樣」的憧憬。要是能夠以尊敬的人為目標全力以赴，自己也會不斷成長的♪

攻略重點 尊重的感情若是太過強烈，反而會把對方當成自己的理想型，這一點要注意。要是能夠接受對方的缺點那更好！

〔開心愉快〕

POSITIVE

耶！太棒了～

是指開朗雀躍、興奮不已的心情。這樣的情緒通常會出現在熱衷於某個喜愛的事物，或是當場氣氛十分熱鬧時♪每個人對於快樂的感受方式各有不同，但這是日常生活中不可或缺的重要情感之一！

攻略重點 當我們感到快樂時，情感就會變得越來越強烈。但要小心不被高漲的情緒帶著走，以免樂極生悲，做出不該做的事！

〔邋遢馬虎〕

NEGATIVE

等等再做啦～

指的是沒有自我定位、做事總是半途而廢的人。這種人不管做什麼事都會覺得「很麻煩」，進而反映在外表及行為上。像是頭髮不梳、遲到也無所謂、東西借了不還等等……

攻略重點 大家可以先從覺得麻煩的事情開始動手。與其因為麻煩而把事情延後，不如轉個念，先苦後樂，這樣就能倒吃甘蔗，越做越輕鬆！

這還用說嗎 ☆

[剛強果斷]  POSITIVE

不怕失敗，積極進取的性格。努力的人個性通常會比較果斷，能將經過努力累積而來的經驗化爲自信！這就是爲什麼個性剛強的人在運動或學習等氣氛緊張的時候，通常都能得到好成績的原因。

攻略重點 這個類型的人會在必要時刻採取強硬的手段，關鍵在於預想成功。只要多加想像好成果，自信就會越來越強烈！

[靦腆害羞] NEUTRAL

太丟臉了，不行啦……

光是一件小事就會滿臉通紅的人。只要稍受曯目，就會害羞不已，尷尬到僵在原地。這樣的人雖然討人喜歡，但是磨磨蹭蹭、不夠乾脆的態度有時反而會讓對方感到不耐煩！

攻略重點 動不動就會臉紅害羞的原因，有可能是自己太在意旁人的眼光。只要盡量忽略他人視線，心情就會輕鬆許多喔♪

你應該也這麼認爲吧？

[同儕壓力] NEGATIVE

爲了讓對方遵照大多數人的意見而施加無形壓力的態度。當被問及「其他人都說好，你也贊同，是吧？」時，我們有時候會不經意的點頭同意。這就是向他人施壓使其順從多數意見的同儕壓力。

攻略重點 若是不想屈服於來自同輩的壓力，那就結交幾個意見與自己相同的伙伴吧！只要有自己的盟友，意見就會更加堅定，也會更有自信喔！

我懂你的感受！

〔同情憐憫〕 POSITIVE

被他人情緒影響而產生的體恤心情。這是為了應對負面情緒而產生，能感同身受對方的悲傷和煩惱。當對方的經歷與自己過去承受的痛苦相似，就會忍不住想要同情他們。

攻略重點 對於悲傷的人要以同情及和善的態度來應對。但過度同情有時會造成困擾，因此要懂得察言觀色，適可而止。

〔遲鈍笨拙〕 NEUTRAL

對於事物反應笨拙就叫做「遲鈍」。這樣的人通常不太會察覺到周圍的人事物，就算有人做出令人討厭的事也會拍拍屁股，不當作一回事。算是一個優點，而且個性溫和的人比較常見這種傾向。

攻略重點 與人說話時要好好看著對方。只要用耳朵和眼睛來捕捉訊息，應該就能減少疏忽大意的事喔！

嗯？你有說什麼嗎？

〔沒有主見〕 NEGATIVE

都可以～

容易受他人意見及情緒影響的人會用「沒有主見」來形容。想法之所以容易被帶著走，並不是因為無法表達意見，而是他們覺得交給別人處理會比較輕鬆。但千萬不要讓人覺得妳優柔寡斷喔！

攻略重點 不要太常將「都可以」或「隨便」掛在嘴邊，盡量養成自己決定的習慣，這樣對事物就會產生「堅持」的想法。

傲慢自大

NEGATIVE

沒有顧慮到自己的年紀、經驗或立場、態度傲慢的心態。越是有自信的人態度往往會格外自大，有時候反而會讓人感到不舒服。不管對方是誰，都不要忘記保持尊重，以禮相待喔！

攻略重點 對長輩目中無人，就會得不到他人信任。所以不管對方是誰，都要以禮相待，用人們認為最為妥當的方法來行動。

這跟年紀又沒有關係

嘻皮笑臉

NEGATIVE

想要接近初次見面或不太熟悉的朋友，試圖縮短距離的人。這或許是一種「想要與對方更加親密」的心態，但有時候會因為情況不同而讓人覺得魯莽失禮。本想親近對方，結果事與願違。

攻略重點 想要與某人交朋友的時候一定將心比心！給對方的不是嘻皮笑臉，而是開朗友善的印象！

真的假的？太搞笑了吧！

尷尬難堪

NEGATIVE

自己失敗或祕密被人知道的混亂心情。尷尬的感受通常是認為自己「與他人不同」所導致的。既然每個人的喜好與想法各有不同，那就不需要太過苦惱自己與他人的相異之處。

攻略重點 若是發生讓自己感到尷尬的事，不妨想想「如果發生在別人身上，對方會怎麼想？」，其他人如果沒有覺得丟臉，就有可能是自己太在意了！

怎、怎麼辦……

笑瞇瞇

〔八面玲瓏〕

NEGATIVE

對任何人都表現出友好的態度，試圖讓自己看起來是個和善的人。不過有些人會為了「受到喜愛，不想當壞人」，不管是誰的意見都一律贊同。但可別讓旁人因此認為你是一個愛說謊的人。

攻略重點 「八面玲瓏、四處討好」的話，恐怕會難以得到旁人的信賴。與其努力不被人討厭，不如好好磨練自己，讓別人更喜歡妳★

〔黑心險惡〕

NEGATIVE

（口是心非）好可愛喔～

心眼壞、想法險惡的人會用「黑心」這個詞來形容。壞心眼通常是一種為了自己的利益而撒謊，或者是為了利用他人的心態。這種人通常會非常自私，要是無法為所欲為，心情就會非常不滿。

攻略重點 對人要體貼，態度要和善。喜歡或疼愛自己的人要是知道我們欺騙或傷害了他人，就會非常傷心難過喔！

氣死我了！

〔成見很深〕

NEGATIVE

對某人說的話或做的事持負面看法的感受。如果對自己沒有信心，對事物就會非常容易產生憤世嫉俗的心態，而且想法也會變得扭曲，覺得「反正我是一個沒用的人，沒有人會看好我的」。

攻略重點 缺乏自信往往會讓自己對他人產生偏見。只要培養出一個人人認同的實力，就會更有自信！開始找一件擅長的事，每天持之以恆，好好努力♪

反正我沒有用啦！

〔灰心喪氣〕

意指否定自己，只覺得「反正我就是……」。這種喪氣的心情其實已經反應出自己想被旁人認同的渴望了。但對自己來說，就算是值得驕傲的事，也會找個藉口加以掩飾，這樣反而會讓旁人搞不清楚狀況喔！

攻略重點 不要馬上找藉口，這點很重要！只要認真對待每件事，慢慢累積成功經驗，這樣對自己就會更有信心。

〔事事否決〕

不接受他人意見，甚至想要反駁的個性。對於任何人的發言若要表達意見，都會以「不」或「可是」等反駁的字眼為開頭，這樣的人個性說不定會有點消極！他們總是認為自己的意見是對的，所以通常是不會聽取他人意見的。

攻略重點 自尊心強、痛恨失敗的人個性往往會偏消極。所以要盡量保持冷靜，不要過於激動！

這是不可能的！

這個那個我都不滿意！

〔滿腹牢騷〕

看到不喜歡的事心情就會不好的情緒稱為「牢騷滿腹」。這種不悅的情緒若是表現在態度上，說不定連身旁的人都會覺得不開心，因為心情不好的時候說話通常都會比較傷人，所以要小心。

攻略重點 就算有不愉快的事情發生，也不要把不悅的情緒表現在態度或臉上。為了現場氣氛，心中若有不滿就先忍耐一下，等到獨處的時候再盡情發洩吧！

沒問題嗎？

怎麼辦？

〔惶恐不安〕

NEGATIVE

對於即將發生的事情感到不安，無法冷靜下來的情緒。若是對已經發生的事情感到害怕，那麼這個不安的情緒就是對未來的感覺。在這種情況之下最好找人談談，不要獨自承受這個惶恐不安的心情。

攻略重點　「溫和療癒」的心情最適合舒緩不安了！先閉上眼睛，深吸一口氣，讓頭腦清醒一下。只要這麼做，心情應該就會慢慢平靜下來的♪

〔隨心所欲〕

POSITIVE

不受周圍影響，按自己的步調生活的人就叫做「隨心所欲的人」。這種人乍看之下好像很悠閒，其實非常清楚最適合自己的節奏及方法是什麼，只是不太擅長配合旁人採取行動罷了。

攻略重點　忠於自己固然重要，但有時候還是要聽聽朋友的意見，並且想想周遭的人是怎麼看待自己的一舉一動。

〔勤奮認真〕

POSITIVE

要打掃、寫作業、還有煮飯……

不在乎瑣碎的工作及辛苦、孜孜不倦向前邁進的性格。個性勤奮的人往往會提前做好別人沒有注意到的事，也會主動去做別人不想做的事，在旁人心中是一個「反應迅速，心思敏銳」的人♪

攻略重點　勤奮的人不管遇到什麼事通常都能自如應對，所以深得眾人依賴。但是不要承擔太多角色，需要的時候也要懂得向周圍尋求協助喔！

這件洋裝是新的喔！

〔誇口炫耀〕 NEGATIVE

為了讓自己的形象看起來更美好而刻意裝飾表面的心態。通常是因為太過在意別人怎麼看你，自我意識過剩的人大多也有這種心態。要是無法坦率展現真實的自己，今後生活恐怕會越來越痛苦……。

攻略重點 擁有自己想要的形象固然重要，但是太過偏離現實極有可能會顯得做作不自然，所以接受自己的真實模樣也很重要♪

〔神經大條〕 NEGATIVE

在自己毫不察覺的情況之下不小心傷害他人，在對方心中留下疙瘩的行為。神經大條、粗枝大葉的人往往缺乏為他人著想、體諒旁人的心思，無法察覺自己到底做錯了什麼，有時甚至要等旁人提醒之後才會感到後悔。

攻略重點 有人指責的時候一定要好好道歉。就算沒有惡意也要好好反省，檢討自己讓他人感到不悅的行為。

這種事你也不知道呀？

剩下的就交給你了！

〔不負責任〕 NEGATIVE

對自己的言行舉止不負責任的人。這種人通常會害怕自己的失敗與錯誤受到批評，所以有時候事情才剛開始動工就扔到一旁，或者把所有事都丟給別人處理，造成他人的負擔……。

攻略重點 其實失敗可以讓我們學到很多東西。只要把失敗當作成長的機會，心情就會變得比輕鬆喔♪就讓我們試著努力，堅持到底吧！

這花開得好美喔！

溫柔體貼

POSITIVE

懂得體諒、關心別人的心態。待人和善是寬心的證明，而且爲人處事不會計較自己的得失，不管是誰都能親切以對，所以身旁總是有許多人相伴！不僅如此，還深得朋友及老師的信賴呢♪

攻略重點 個性越是溫和的人，就似乎越容易累積壓力。體貼他人固然是件好事，但偶爾也要坦率面對自己的心情，了解自己的感受喔！

鬱悶無奈

NEGATIVE

心情低落、煩悶憂鬱的感受就叫「鬱悶」。像是早上起床後不想去上課，或者是覺得一些日常習慣天天做很麻煩……越是認眞、責任心強的人，似乎就越容易突然感到鬱悶喔！

攻略重點 情緒低落的時候其實不用勉強自己故做開朗。只要找個舒適的地方放輕鬆，慢慢恢復心情就好了。

好無奈喔……

優越感

NEGATIVE

這種程度算什麼！

覺得自己的立場比別人好而沾沾自喜的模樣。這是當自己受到特別待遇或者在衆人面前受到讚揚時所感受到的心情。但是看在別人眼裡有時會覺得妳這個人非常自大，所以態度盡量不要太明顯。

攻略重點 就算對其他人有優越感，過於炫耀只會引起問題。這樣的感受放在心裡就好，態度盡量不要太明顯，更別說出口喔！

穿哪一件好呢？

〔優柔寡斷〕 NEGATIVE

猶豫不決、遲遲無法下決定的個性。這種人通常需要一段時間才能做出決定，有時會因此錯過大好機會，或者給周圍的人帶來困擾。有時是因為過於慎重而無法做出決定，有時則是因為兩邊都不錯而不知從何選起。

攻略重點 深思熟慮固然是好事，但是想太久反而不好。就算失去，還是有機會挽回的，所以要養成果斷決定的能力。

〔不講道理〕 NEGATIVE

不要反駁！

對於沒有意義的事情感到不解的心情。當自認為正確的事情遭到否定，或者是無法得到對方理解時就會產生這種情緒。無法理解的情緒若是一直累積，情緒就會因為不滿而爆發。

攻略重點 與不講道理的人相處時保持距離也很重要。對方所說的話不需要全都聽進去，事情若是不合理，那就讓它左耳進，右耳出吧！

〔任性嬌縱〕 NEGATIVE

不是主角

人家就不要！

只要事情無法如願進行就會大吵大鬧。任性的人就和嬰兒一樣，想怎麼樣就怎麼樣。這種人通常只想到自己，所以有時會讓周遭的人感到困擾，甚至把大家給惹火。

攻略重點 因為被說而不知所措或者是不想做的話，對別人也會造成困擾喔！這個時候先深呼吸，冷靜一下，並試著設身處地，站在對方的立場來想。

LESSON
4

了解對方
感受的
技巧

大家最近好像玩得很開心耶！

嘿，小陸。你看！♥

喔，怎麼了？

琴音最近怎麼都沒過來湊熱鬧呢？

盯

……嗯？

如何看出對方的心情？

你說看出對方的心情，是像超能力者那樣嗎？

也不是像超能力者那樣任何想法都會被看穿啦！但是如果利用「心理學」的角度來了解對方是怎麼看待自己、擁有什麼樣性格的話，就會更容易了解對方♪

心理學好厲害喔！小朋，我也要學習心理學！

因為不知道對方的心情所以感到不安？

與朋友交往時會令人感到不安的原因之一，就是「不了解對方的心情」。因為不知道對方在想什麼、是否樂在其中，所以才會不知如何應對。

這一章我們要為大家介紹一些可以讀取對方心情的訣竅♪就讓我們偷偷解讀朋友的心思吧！

大家都在想什麼呢？

如何了解對方的心情？

最好的方法就是直接詢問對方！

既然我們想了解朋友的感受，直接詢問對方當然是最好的方法。「發生什麼事了？」、「你覺得怎麼樣？」，開口探詢他們的心情。如果是親密好友，一定會把心中想法告訴妳♪

對方如果有煩惱，只要彼此談心，說不定就能解決朋友心中的不安與擔憂喔！

而在深入交談的過程當中，彼此之間的交情也會更加融洽★

怎麼了？　那個啊……

無法好好問出緣由的話…

透過「心理學」了解心情也是一個不錯的方法！

想要了解對方的心情，但是兩人的交情並沒有好到那個地步，或者是當時氣氛不適合直接問的話，那就善用「心理學」的技巧吧！

讓我們從下列這四個要素來解讀對方的心情♪

確認這幾個地方吧！

臉部表情

只要觀察他們的五官、笑的樣子與移動的視線，就能看出對方的心思喔！

第122頁

手勢和態度

確認一下對方的姿勢、嘴角、手和腳的動作吧！會發現對方意外的真心♪

第130頁

口頭禪

只要確認對方的口頭禪，就能看出這個人真正的想法及隱藏的個性！

第138頁

時尚打扮

從服裝風格、居家服、包包及喜歡的顏色來分析對方的性格和心情！

第152頁

就算長大成人，這裡介紹的知識應該也會派上用場♪

1 POINT

從 臉部表情 來 解讀

溝通的時候不可或缺的就是對方的臉部表情。不管是笑、哭還是生氣……充滿各種感受與情緒的「表情」是了解對方心情，同時也是第一個要觀察的重點！

有時人們會掩飾自己的情感，不讓情緒表現在臉上。但是只要施展祕訣，說不定就能捕捉到對方隱藏的感受♥

臉部觀察的 **POINT**

以下這幾個部位可以做出各種臉部表情。只要將不同的動作與變化組合起來，就能夠觀察到各種不同的情緒喔♪

眉毛和額頭

只要皺起眉頭或眉間，就能表達情緒喔！

眼睛、眼皮

也就是張大或瞇起眼睛、抬起或放下眼皮。眼睛可是最能表達感情的部位之一喔！

臉頰、嘴巴、鼻子下方、下巴

表情若是不同，臉部的各個部位會出現變化喔！例如：臉頰抬高、嘴型改變；就連鼻孔也會變大呢！

臉部表情的觀察祕訣①

想知真心，就看左臉！

解說！

人的臉部並非完全對稱，左右兩側會稍有不同。表情也是一樣，左右會有點不一樣喔。人類的大腦分爲「右腦」與「左腦」。右腦處理影像與感情，左腦掌管語言及邏輯思考。「左右大腦控制的是部位相反的身體」，所以左臉（對方看到的右臉）會顯示出「眞心」，右臉（對方看到的左臉）則是露出「做作」的表情。也就是說，只要觀察左臉，就算對方試圖隱藏，也能捕捉到他的眞實感受！

右臉是……

做作的表情！

↓

左腦控制的右臉可以隱藏人的眞心，做出迎合社交場面的表情，又稱爲「做作的表情」。

左臉是……

眞誠的表情！

↓

右腦控制的左臉會明顯表達出更多情緒，所以當人們想要隱藏某些事情時，通常會不自覺的把左臉遮起來。

要是無法捕捉對方的心思，那就試著觀察他們的左臉吧！

觀察笑容，了解個性！

⟍解說！⟋

每個人笑的樣子都不太一樣。所以只要觀察對方笑的樣子，就可以看出那個人的心情與性格★順帶一提，愛笑的人內心通常都會非常渴望「與人和睦相處」。而不怎麼笑的人有可能是因為緊張，也有可能是競爭心稍微強烈。既然微笑對身心都有良好的影響，只要常常面帶笑容，好事說不定就會發生在我們身上♪

對了！有的人是不是會為了受人喜愛而皮笑肉不笑，甚至強顏歡笑呢？

在這裡先教大家一招。「假笑」其實是看得出來的！當我們覺得有趣想笑的時候，通常會先開口哈哈大笑，接著眼睛也會跟著笑。如果眼睛與嘴巴同時在笑，或者只有嘴巴在笑的話，那就有可能是在假笑！或許有人認為假笑是一件壞事。但如果是出於禮貌，也能讓人開心的話，偶一為之有何不可呢！

從笑容來了解對方的個性

接下來要告訴大家如何從這六種笑的樣子來判斷對方的性格！聊天的時候要記得偷偷觀察朋友是怎麼笑的喔♪

哈哈大笑

啊哈哈哈

張開嘴巴哈哈大笑是對他人敞開心扉的證明♥代表這個人性格十分開朗，不過有時可能不太會控制自己的情緒？

呵呵微笑

呵呵

會這麼笑的人或許不太擅長把內心展現出來，但也有可能是一個想要在大家面前展現優雅成熟態度的人。

默默微笑

咯咯……

個性稍微消極被動，總是會不知不覺配合旁人。有可能是因為對自己沒有信心，所以才會不知道該不該笑。

仰天大笑

哇哈哈哈！

會這麼笑的人通常是一個毫不保留的將最真實的一面展露出來的人喔♪非但不拘小節，為人更是坦蕩。這樣的人朋友應該很多！

摀嘴竊笑

討厭啦

唉呀♥

故作害羞，但其實是一個愛慕虛榮的人。但也有可能是一個極度希望別人覺得自己很可愛的人？

邊說邊笑

然後啊！
哇哈哈！

或許是對自己沒有信心才這麼笑。聊天的過程穿插笑聲的目的，極有可能是為了確認旁人的反應！

臉部表情的觀察祕訣③

透過眼神，揣摩想法！

‹ 解說！›

俗話說的好，「眉目傳情勝於口」。這句話在心理學上也得到了驗證喔！
例如「緊張的時候會一直眨眼睛」、「負面情緒最容易透過眼神表露出來」
等等。這麼說，大家應該就懂了吧？

我們在與他人交談時基本上會看著對方的眼睛，交流時看著對方雙眼
的「眼神交會」是溝通的基本原則♪反過來說，要是刻意避開眼神，極
有可能會被對方認為我們不願溝通交流⋯⋯

這個時候要看著對方！

心理學家納普（Gerhard P. Knapp）認為當我們在與他人目光接觸、眼神交會時，背後通常隱藏了四種主要的情緒！

「想知道反應！」

因為想知道對方「對我說的這件事有何看法？是否覺得有趣？」所以在聊天的過程當中會試圖看著對方的眼睛，觀察他們的反應。

「我喜歡你⋯⋯♥」

對某人抱持好感或關心時也會一直看著對方喔♪不過這樣的舉動有時候是無意之間做出來的。

「有話想說！」

有話或有事想和對方說時我們通常都會先看著對方的眼睛，暗示他「我有話要跟你說」。

「你這傢伙！」

懷有敵意而非好意，或者是感到競爭的時候也會一直盯著對方看喔！

從游移的眼神看穿對方的心思！

聽說從對方游移的眼神及視線也能看穿他們的心思喔！
那下次和琴音聊天時可要好好觀察了。

CASE 1　眼神飄移

眼神飄移

心情動搖的時候從眼神也能看得出來。有可能是缺乏自信，也有可能是焦慮不安。

轉過頭去

眼神交會之後若是突然把視線移開，就代表對方覺得無聊，或者想要保持距離，不想太親近。

目光接觸時瞬間移開視線

雙眼對視時不自覺的轉過身去，是不想讓對方發現自己正盯著他看的情緒表現♥

CASE 2　聊天時看別處

我們可以從對方注視的方向來猜測他們在想什麼♪

看右上方
可能正在想像從未經歷過的事件或畫面！

看右下角
可能正在想像受傷或生病等痛苦的事情，或者是回想當時的感受。

看左上方
可能正在回想以往的經驗，或之前看過的場景與風景。

看左下角
可能擁有碰撞聲或說話聲等「聽到」的記憶，或者在心中與想像對話場景。

臉部表情的觀察祕訣④

從臉型與五官了解基本性格！

解說！

「面相學」是一種以觀察臉龐的方式來判斷對方性格或預測未來的方法。這門學問的相關研究在歐洲行之已久。面相學認為人的臉型、眼睛、鼻子、嘴巴等部位都各有含義。例如眼睛代表訊息，耳朵大小代表謹慎，嘴脣代表感情深淺等等。就讓我們好好研究一下每個部位的解讀方式吧！

從臉型來判斷性格！

先讓我們從臉型（體型）來判斷一下基本性格♪

瘦長型

下巴細長，給人一種聰明伶俐的印象。擁有這種臉型的人，頭部通常都會比較小，而且大多數頭腦靈活，頗有品味♪但也有可能是個沉默寡言的人。

圓潤型

臉型圓潤的人大多善於交際，而且個性開朗，經常受到旁人善待，所以有時會露出任性的那一面。

肌肉型

體型健壯、頭部偏大的人。個性通常謹慎認真，有條不紊。手腳雖然不太靈巧，但是勤奮努力的人卻不少。

從五官來判斷性格！

遇到在意的人時只要好好觀察對方的眼睛、鼻子、耳朵與嘴巴，說不定就能了解他們的基本性格喔！

眼睛

眼大圓潤

善於讀解人心，察言觀色。雖然活躍，卻也有動不動就鬆懈的一面。

眼小細長

認真努力的勤奮家。與人的交情宛如陳年好酒，越久越深厚。比較喜歡與知心朋友相知相惜，而不是和每個人打成一片。

鼻子

駝峰鼻

自我主張意識強烈，頗富正義感的領導者類型。或許會有點任性。

蒜頭鼻

能給身邊的人帶來安全感的療癒系。優點是不太會說他人壞話。

朝天鼻

鼻子是這種形狀的人正直誠懇，會主動伸出援手幫助他人喔♪

耳朵

大耳朵

為人謹慎，不喜歡破壞他人的小圈子，不少人記憶力還相當出色呢！

小耳朵

個性稍微急躁，可能不太擅長控制自己的情緒，是個情緒化的人。

耳垂飽滿

不少耳垂飽滿的人個性積極溫和，喜歡待在人群之中♥

嘴巴

寬大

不太在意細節，個性豁達的人。不過神經似乎稍嫌大條。

小巧

個性謙虛，責任感重。一旦開始動手，就會堅持到底，是一個努力的人！

嘴脣豐厚

心胸開闊，總是真誠與他人面對，將來應該會建立一個幸福快樂的家庭★

嘴脣細薄

許多嘴脣細薄的人腦筋靈活而且反應快。愛說話，不過可能會有點多嘴？

2 POINT

從 手勢和態度 來 解讀

一個人的真正想法，通常也會潛藏在舉手投足之間，因此有人認為在談話的過程中只要觀察對方的手勢和態度，就可以探測出對方對自己有何看法，並且推測當下的心情♪想要知道對方的心情，那就好好暗中觀察他們的手勢和態度吧！搭配第122頁介紹的「表情」一起觀察，就能更了解對方的心情與感受喔！

觀察手勢和態度的 POINT

想要從一個人的手勢和態度來揣測他的想法時，可以從下列這四個地方來觀察喔！先讓我們一一來解說吧♪

手或手臂

有人認為聊天時雙手的擺放位置和手臂的交叉方式會透露出心思。這個部分將會在第131頁、134頁和135頁解說♪

姿勢

從姿勢可以看出對方對自己的看法喔！好好參考第132頁的資訊，試著了解對方的感受吧！

雙腳

該觀察重點，在於「腳的擺放姿勢」。只要好好參考第137頁，別說是對方，搞不好還會看出自己隱藏的心思！

嘴角

雖然有點像是在觀察表情，不過要看的重點是「舌頭」和「嘴脣」的動作！大家可以翻到第136頁好好確認！

手勢和態度的觀察祕訣①

談話時從手的擺放位置就能看出對方的興趣！

解說！

當我們在交談或者是談話的對象在獨自沉思的時候，對方若是將手放在桌上，不妨趁機多加觀察，因爲人的想法通常會毫不自覺的經由手的動作透露出來。而我們第一個要觀察的，就是手的「握法」及「動作」。雙手與手臂的姿勢第 134 ～ 135 頁也有介紹，大家可以多加參考推測♪

對方的手是如何擺放的？

輕握雙手

對方的心情很平靜……也就是看起來不會緊張，也沒有說謊，而且處於享受談話的狀態之中。既然如此，那就繼續聊天，讓話題更加熱絡吧♥

緊握雙手

嗯……緊握雙手是打算拒絕對方的表達方式。搞不好那時候正聊到對方不想談論的事情？這時候換個話題或許會比較好。

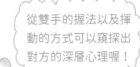

從雙手的握法以及揮動的方式可以窺探出對方的深層心理喔！

手指張開

心情輕鬆並且已經接受對方的狀態♪如果是正在談話，就代表對方已經對你敞開心扉了。只要相處的時間越久，彼此之間的交情說不定就會越融洽♥

不停動手

聊天時對方若是手不停揮動，通常代表他們的腦筋也一直在轉動。順便告訴大家，對方若是用手指一直敲桌子，極有可能是因爲他們已經感到不耐煩了喔！

手勢和態度的觀察祕訣②

從姿勢就能看出對方是否已經「打開心扉」！

想知道對方是否已經敞開心扉、對自己是否有興趣，只要觀察他們的「姿勢」就能一目了然。就算我們可以控制表情，不讓內在情緒表露在臉上，卻很難連姿勢都一併偽裝。

提到姿勢，具體來講要看哪裡呢？

很簡單。只要觀察「對方身體的方向」及「與自己的距離」就可以解讀了♪

看看對方的身體轉向何處

聊天時可以先觀察對方的身體朝向那邊♪

♥ 有興趣

身體若是面對聊天對象，就代表他對話題相當有興趣！而且身體越是往前傾，就代表興趣越高★

✖ 沒有興趣

身體中心若是偏離聊天對象，極有可能是因為感到無聊。臉如果也是側著看，那就有可能是因為討厭對方。

確認一下彼此的「距離」

LESSON 4

接下來，讓我們來看看如何
從彼此之間的距離來確認吧！

♥ 有興趣

當兩人之間的距離近到伸手就可以碰到，而且對方也沒有露出厭惡的表情，就代表對方懷抱好感的可能性很高♪

肩膀、手及頭被人碰到也不會覺得討厭，是對對方頗有好感的證明！不過有些人「原本就不喜歡讓人家碰到身體」，這種情況就不要勉強對方了。

✖ 沒有興趣

你知道嗎……

後退…

什麼？

閃開

靠近的時候對方若是稍微後退，想要保持一段距離，就代表對方已經發出信號，不希望你再靠近。這有可能是他們還沒完全卸下心防。

試圖碰觸的時候對方若是刻意閃開，有可能是因為他們不想和你太熟。
若是偷偷做出防衛的手勢，就代表他們真的很不喜歡讓人碰。

這裡提到的「距離」，與第 41 頁介紹的「私人領域」關係密切，因為對方努力保持的「個人空間」正好就是對方和自己的距離！

手勢和態度的觀察祕訣③

從雙臂的交叉方式及位置來看穿心思！

解說！

手勢在心理學的世界裡是一種讀心術。因此這一節我們要告訴大家如何從雙手以及雙臂的姿勢與位置來判斷對方對自己的看法。

基本上來講，「人之所以會把手藏起來，是因爲不想讓對方知道自己內心想法」。大家曾經聽過「不攤牌」或「不露餡」之類的說法嗎？也就是說，手勢是對對方的警戒信號。

檢查雙臂交叉的姿勢

嗯～我覺得在談話的過程當中手臂交叉的情況很常見耶……

雙手交叉放在腦後

看起來好像很悠閒！但也有可能是對談話對象有優越感？

雙臂交叉放在胸前

拒絕對方的信號，或者是表現出「我比較厲害！」的心情。

而像是抱住自己的雙臂交叉動作，有可能是出於「想要有人在旁陪伴」的心情。

把手插在口袋裡

這個姿勢會盡量不露手。極有可能是在偷做什麼不想讓人知道的事！

把手放在背後

這也是隱藏祕密的信號。可能有什麼令人不安或者是煩惱的事。

在談話的過程中，大家不妨看看自己的手及手臂是怎麼擺的，這樣說不定會意外發現自己的眞實想法★

手勢和態度的觀察祕訣④

對話中觸摸的部位 會被人看穿心思！

〜解說！

人們在緊張、焦慮或有壓力時通常會出現一些舉動來讓穩定情緒，例如觸摸嘴脣。這在心理學稱爲「自我觸摸（self-touch）行爲」。這些舉動通常是無意識的，算是一種「習慣」。接下來讓我們來看看四種具有代表性的「自我觸摸行爲」吧！

觀察對方觸摸的部位

在聊天的過程當中對方摸了臉的哪個部位呢？

摸下巴

對自己的發言變得謹慎的信號。或者在交談的過程當中對方的口氣越來越強烈，因而想要保護自己的動作。

用手摀嘴

不想表露自己的內心或者讓人知道心思的表現方式。是對對方保持警戒的信號！

摸鼻子

在聽別人說話的時候如果摸鼻子，就代表你正在懷疑對方所說的話；但如果是自己說話的時候在摸鼻子，就代表你可能正在說謊！

摸頭髮

有可能是感到不安或者是覺得無聊，也有可能是一個渴望被寵愛的人！

從舌頭和嘴脣的動作來確認對方的真心！

 解說！

大家看過某人失敗的時候吐出舌頭，或者是因爲緊張而舔嘴脣的模樣嗎？這也是第 135 頁介紹的其中一種「自我觸摸行爲」。所以我們只要觀察舌頭及嘴脣的動作，就能了解對方的心思喔！除了這個祕訣，其他探索對方心思的技巧也可以用來了解自己的感受。大家可以留意自己的舌頭及嘴脣的動作。

 舌頭本來應該是在嘴裡的。若是吐出來，就會讓人以爲自己對對方沒有什麼警戒心！

 說的也是，在陌生人面前吐舌頭應該會讓人有點不舒服吧……

注意這個動作！

吐舌頭
和「你活該啦」這句話一樣，將心中不甘願的心情表現出來的動作。不過雙方都懷著善意！

舔嘴脣
聽說人只要一緊張，唾液就會不易分泌，嘴脣也會變得乾燥。也就是說，因爲緊張而口乾舌燥時，人就會想要舔嘴脣以保持濕潤！

摸嘴脣
爲了壓抑不安，恢復平常心時，說不定會觸摸嘴脣而不是搗住嘴巴（第 135 頁）。

咬嘴脣
極有可能正在壓抑煩躁的情緒！

手勢和態度的觀察祕訣⑥

坐的時候從「腳」就可以看出性格！

> 解說！

當我們試圖探索他人心情時，往往會觀察對方的表情、手勢與姿勢，但是我們通常不會連腳也跟著留意，對吧？當事人也是一樣。他們通常會試圖控制自己的感情，但是卻顧不到腳這個部位。這就是為什麼人們會覺得腳通常會在無意之間，透露出真心的原因！腳這個部位應該要觀察的地方是「坐的時候雙腳怎麼擺放」。趁談話的時候偷偷觀察一下對方的腳是如何擺放的吧♪

檢查雙腳的擺放姿勢！

> 坐的時候我都不會注意到腳的姿勢呢，我要趕快來看看了！

雙膝併攏

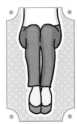

對方可能會讓妳緊張。但也有可能是不想與對方再有任何瓜葛的情緒表現。

腳伸出來

對於對方的談話內容沒有興趣、覺得無聊乏味的心情。但也有可能是一種束手無策的情緒表現，「那就順其自然吧～」。

腳踝交叉

似乎不太在乎旁人的姿勢。這一類型的人大多數都會有點偏執。

內八坐姿

這種類型的人大多能明確表達自己的意見，而且「想要這樣！」的心情似乎非常強烈。

張開雙腳

看起來個性隨和、性格開朗的人。對對方似乎也有好感♪

3 POINT

從 口頭禪 來 解讀

經常掛在嘴上的詞就叫做「口頭禪」。自己的情況雖然不易察覺，但是旁人說話的時候只要注意聽，就會發現「這句話他一天講了好幾次了～」。其實我們也可以透過「口頭禪」來解讀對方的性格與想法喔！

這一節我們要介紹 25 個口頭禪，以及可以從這些話解讀的性格類型。大家在翻閱的過程當中，說不定會發現自己從未察覺到的「口頭禪」喔★

> 大家都在說！

> 大家是誰？

> 我想到了！琴音常說「那麼……」！喔，原來她是這樣想的呀～

> 對了，小陸你的口頭禪是「大家都這樣」，你知道嗎？

> 咦？我有這樣說嗎？
> 可是大家也都這麼說呀！不是只有我吧……啊！

> 除了朋友，自己的口頭禪如果也有所自覺的話，就能看出周圍的人是怎麼想的，而自己心中又是怎麼想的。了解口頭禪也有助於了解自己，就讓我們好好來看看吧★

令人好奇！
口頭禪眞心圖鑑

接下來要介紹 25 個口頭禪及其背後眞正的含義！
就讓我們回想一下自己和朋友之間的日常對話吧★

「可是……」

解說

「可是」後面接的大多都是藉口。動不動就說「可是」的人習慣把責任推給他人或歸咎於環境。這類的人通常會強烈認爲這不是他們的錯，也不覺得自己做錯了什麼。

「可是」、「但是」、「反正」這些帶有負面意味的詞有時對方聽了會覺得不高興。
所以我們平常說話的時候要回想一下自己是否動不動就把這些詞掛在嘴上喔！

> 咦？這不是○○妳要做的嗎？

> 嗯…
> 因爲我一直在忙……
> 可是都沒有人幫我……

> 算了，不要再解釋了！

哇，那我得要小心一點了。「反正」這個詞第 150 頁好像也有介紹。

這些告訴大家的知識長大之後也派的上用場♪

「其實……」

≥解說≤

「其實」這句話通常用在告訴對方心事或祕密的時候。只要與朋友分享祕密和煩惱，就能加深彼此之間的友情（第33頁）。但是太常用的話，這些祕密和煩惱反而會變得微不足道。

 有個詞的意思與「其實」相近，那就是「不可以跟別人說」。說是這麼說，但實際上會這麼叮嚀的人，通常早已四處宣揚了。

「原來如此」

≥解說≤

「原來如此」是聽了對方的話之後有所共鳴的回應。但是經常把這句話掛在嘴上的人好像大多數都沒有什麼主見。坦白說，有時甚至會對人家說的話充耳不聽……

 唉呀。覺得麻煩的時候我好像都會說「原來如此」來敷衍對方……整個心思都被心理學給看穿了啦！

「所以我說」

解說

對於對方所說的話會用「所以我說不行」這句話來否定，或者用「所以我說是這個樣子，是吧？」這句話來做總結。直言不諱、自我主張意識強烈以及屬於領導型的人會經常把這句話掛在嘴上。而會常這麼說的人，也可能是個「想要掌控一切」的人喔！

這種領導型的人物，要是能夠將班上零散的話題彙整起來做個總結就好了！

這個果然還是要放在那裡

所以我說要放在這裡呀！

所以我說了呀……

好啦……

「總之」

解說

「總之」這個詞語帶有「先做再說，但是做不做得到不知道」的語氣，是心態狡猾的人常說的口頭禪。他們不是缺乏自信，就是想要先發制人，並且告訴對方「你看，我不是早就跟你說過了嗎」。

類似的詞還有「姑且」。是一個先拉起防線，以免自己因為做不到而受到傷害而的說法。

總之我做完了

總之我會去做啦…

家庭作業

「沒有喔」

解說

聊天時以「沒有喔！所以我說……」為開頭的話，代表說話者想要反駁對方的內容。

這是一個試圖表達意見及談話內容時會出現的詞，同時也是自我主張強烈的人經常掛在嘴上的口頭禪。

這句話有人聽了會覺得不舒服，而說出口的人也常常沒有意識到自己造成的影響，所以要多加留意喔！

「好像」

解說

在表達意見之前會加上語意曖昧、模稜兩可的字詞，通常是因為擔心對方的反應，所以才會不想說得太直接。不喜歡衝突的性格……聽起來是不錯，但這也算是一個動不動就依賴他人、缺乏責任感的人。

的確，這麼做或許不會引起爭執，但要是什麼事都說「好像」的話，那麼對方就無法知道我們的真實想法了。

「那麼」

解說

常說「那麼」的人個性可能有點急躁，想要早點下結論，所以有時候可能不太會聽別人說話。是好奇心旺盛、對流行時尚十分敏感的人經常掛在嘴上的口頭禪。

這句口頭禪常聽琴音在說喔！她的個性很急，而且說話不喜歡扯東扯西，應該是那種想要趕快下定論的人吧！

我身體有點不舒服，明天可能……

那麼明天就取消吧！

「呃……」

解說

有人搭話的時會不自覺說出「呃……」的人，會被認為是有點膽小的人。這種人通常會以說「呃……」的方式來中斷對話，好試圖讓自己平靜下來。

特別是當被問到一個意料之外的問題時，「呃……」就像口頭禪脫口而出。對於聊天內容如果有信心，就會自然而然的不再這麼說了喔！

欸欸欸，一起玩吧～

呃……嗯，好喔！

「眞的嗎？」

> ## 解說

一再確認「眞的嗎？」是個性謹慎、稍有疑心病的人常說的口頭禪，有可能是因爲不清楚對方的用意。但如果是隨口說出「眞的嗎？」那就沒有什麼深遠的意義，只是一個回應罷了。

當收到禮物或者是他人願意爲我們做事的時候，通常也會感動的說出「眞的嗎」。

「通常……」

> ## 解說

爲了讓自己的意見得到支持，有的人會說「通常都是這樣做的！」會說這句話的人往往會帶著責備對方的口吻，而且「不太想表達自己的意見」，也就是缺乏自信才會這麼說。

咦？除了小朋友，有些大人也會這麼說。不過語氣稍帶諷刺，我有點不習慣就是了……

「絕對」

＞解說＜

常說「絕對」或「一定」的人似乎比較容易感情用事，而不是根據邏輯來思考。另外像「一定會贏」，也就是在後面加上目標的話，通常代表這句話是要說給自己聽的。

有毅力、有決心的人往往會朝目標說出「一定」或「絕對」這句口頭禪。不過懷有夢想是一件很棒的事喔♪

那家店的蛋糕一定是最好吃的♡

我被甩了，

但是……我絕對不會放棄！

「哇！」

＞解說＜

不管什麼事都會說「哇！」、「太棒了！」、「太強了吧」的人，是擅長營造氣氛且溝通能力強的人。這也是一個為了避免破壞當場氣氛，以贊同對方的方式來表達自己意見的字眼。

所以有人對你說「哇！太強了吧」時可別覺得不舒服，但要是太常說的話有可能會讓人覺得像是在敷衍。

我新買了一個♡

「太棒了！」

太、太強了吧……

我看到鬼了……

嗯？真的嗎……

「隨便」

解說

在說這句話的時候有時是因為沒有興趣。而另外一個可能性，就是自己心中已經有答案，希望對方能看出來，所以有時候會說「隨便」、「都可以」。

在說這句話的時候，通常會希望對方能猜中我們的心意（笑）。但是對方並不是超能力者，所以要適可而止。

哪個比較好？

這個跟那個

隨便都好喔！

但其實…這個比較好

「我沒差」

解說

當他人徵詢我們的意見時，會說出「我沒差喔」、「都可以喔」的話通常有兩種心情。一個是「說了也沒用」的無奈心情，一個是「你還是不懂」的不滿情緒。

這也是一個在彼此之間築起高牆的字眼，所以我們應該要抓住機會說出想法，說不出口的不滿與無奈才不會一直悶在心頭喔！

嘿，我覺得不錯耶！

…

嗯嗯！

○○妳呢？

我沒差，都可以喔—

「沒辦法」

解說

「一直擔心也不是辦法！」是一句積極樂觀的話！但如果是「因為○○，沒辦法」、「誰叫……」的話，就會變成一句自我安慰的話了。這種情況通常是因為討厭失敗，所以先找個藉口再說。

糟糕！那我可能會說「我昨天肚子痛，沒辦法」、「誰叫我昨天肚子痛」……看來要小心一點，要盡量用在積極場合上了！

「感覺」

解說

與第 142 頁上的「好像」一起使用的話，就會變成試圖模糊自己的意見與看法，以免與對方意見分歧或對立的說法。

「像是●●」、「有點像●●！」、「可能是●●」等都是為了模糊本意而說出的字眼。

一直擔心也不是辦法！

誰叫我昨天沒看書，沒辦法……

好像有點○○，是吧？

感覺好像○○

像是……

有點像○○！

「吹牛炫耀♪」

解說

老是吹牛炫耀是一種「認同我！」「稱讚我！」的心情表現。這種人或許會強烈感覺自己是一個特別人物。但也有可能是因為缺乏自信，為了消除不安而吹牛或炫耀。

 炫耀並不是壞事，但要注意的是，不可以為了稱讚自己而完全聽不進去對方說的話！

我前幾天和媽媽去○○的時候……天哪，○○真的好厲害喔！

「我很忙的」

解說

「我很忙的」有兩種含義。一個是表達出「因為受託而忙碌的自己是不是很厲害？」的情緒，另一個是為自己無法好好管理行程而找的藉口。

 啊，我說不定也不自覺的說出「我很忙的」這句話。原來這是一句為了保護自己或表現自己的話呀！

我忙到幾乎沒睡！

我很忙的，沒時間啦……

「我呢」

解說

聊天的時候常用第一人稱的人，通常自我主張或愛出風頭（第 102頁）的傾向會比較強烈。

相信自己、意志堅強的人說話都會以「我」為開頭。對自己有信心固然是件好事，不過度就好★

我呢

我前幾天

我是這麼覺得的

我那個時候

「誰叫我是……」

解說

「誰叫我是天然呆」、「誰叫我這麼愛漂亮」像這樣把自己套入某個模式的人，大多都是強烈想要展現自己的人。只是太常說的話反而會讓人感到厭煩，要注意！

「誰叫我這麼害羞，所以才會交不到朋友。」這種說法有時也會當作藉口來使用。

○○你覺得呢？

我不知道。誰叫我是傻瓜

是、是喔……

「反正……」

解說

個性消極的人習慣說「反正……」這句口頭禪。像「反正一定不行的啦」這句話，就是確定自己沒有什麼價值才會脫口而出。要是自己動不動就把「反正……」這句話掛在嘴上的話，那就好好詳讀 Lesson 2 吧！

這個詞還有「透過貶低自己的方式來得到別人的安慰」、「希望大家理會自己」的心情喔！

「大家都在說」

解說

「大家都在說」還有「大家都在做」的「大家」指的是誰？經常這麼說的人往往把自己的想法說成是大家的意見，以試圖說服對方或者是讓自己安心。

媽媽有時候會問我「大家是誰？」但有時候其實只有我和朋友兩個人。

「沒事的！」

解説

有時就算他人關心問候，也會不經意的脫口說出「沒事的」。這其實是體貼的人常說的口頭禪，因爲他們覺得讓人家擔心的話說不定會造成對方的困擾，所以才會勉強自己硬撐。

依賴別人從來就不是壞事！所以要好好照顧自己，千萬不要勉強。

妳身體不舒服嗎？

沒事的！

「好可愛喔♥」

解説

「好可愛喔」這句話充滿了魔法！讚美人或事物的詞語其實很多，但是不管是什麼情況都說「好可愛喔」的人卻越來越多。除了「中意」及「喜歡」，可愛這個詞其實還有「可憐」的意思。

有人說「可愛」這個詞，只能用在「程度與自己差不多或稍微差一點」的情況。

好可愛喔！

好可愛喔！

好可愛喔！

從 時尚打扮 來 解讀

有些人可能不覺得一個人的心情也能從打扮來解讀，甚至認為這根本就是「騙人的」。其實服裝扮演著一個角色，那就是自我介紹，告訴周圍「我是這樣的人喔！」同時也表達出「希望在你們眼中我是這種風格」的心情。

早上挑選的衣服通常也會透露出我們「今天的心情」。

所以接下來要為大家介紹如何從日常穿著、居家服、包包以及經常挑選的顏色等各方面來揣測對方的心情♪

梳妝打扮可以改變心情

妳不覺得穿上顏色鮮豔的衣服心情會變得很開朗，穿上英挺整齊的衣服心情會變得非常嚴肅嗎？身上穿的衣服若是不同，自信與心情也會跟著改變喔♪

我的打扮好樸素喔……

應該會很可愛吧！

心情若是覺得沮喪，建議大家挑選一件色彩明亮的衣服來提振精神吧♪

時尚打扮的祕訣①

外在穿著與內在情緒不一樣！

〉解說！〈

當我們看到有人身穿鮮豔花俏的衣服時，往往會覺得「這個人應該是一個相當有朝氣、活潑開朗的人」♪其實打扮也能表現出「我希望大家這麼看我！」的願望，所以內在的想法未必要與外在的打扮一致。然而，誠如第 152 頁所言，梳妝打扮是可以改變心情的。只要穿上花俏一點的服飾，整個人的心情就會變得非常開朗……這種情況也是不無可能♪

打扮與個性的關係

一個人的性格與願望可以從穿搭風格來解讀。

俏麗穿搭風格　秀氣穿搭風格　個性穿搭風格　流行穿搭風格

強烈渴望大家把自己當開心果，但實際上搞不好是一個不甘寂寞的人。

這麼打扮的人通常會希望成為矚目的焦點，而且大多數對自己頗有自信★

個性非常認真的人，但說不定覺得自己是一個「非常無聊的人」……

覺得配合旁人、與大家一樣會比較有安全感的人。搞不好不太善於突顯出自己。

居家服會透露出真正的心思！

~ 解說！

放假或者是「今天不打算出門！」的日子，大家在家都會穿什麼樣的衣服呢？被家人說「去換衣服！」時或許會不知道要穿什麼，但是如果可以挑衣服的話，大家在家會想要怎麼打扮呢？

重點在於我們在家時會穿著邋遢，還是跟外出時一樣光鮮亮麗。不光是自己，偷偷診斷家人的居家穿著說不定也會很有趣★

啊，我姐姐在家的時候一整天都穿著睡衣

這個診斷不太容易檢查朋友的居家穿著，但是可以看看「自己」還有「家人」在家都是怎麼穿的喔！

看看挑選的居家服！

運動衫和球衣
在家的時候以輕鬆舒適為優先考量♪應該是一個公私分明的人。

休閒服
平時穿運動服＋牛仔褲等休閒服的人公私協調得宜，個性沉穩內斂。

睡衣
喜歡獨處的類型！在家和在外的表現落差極大的人。
平常在外的時候搞不好會備受壓力。

流行服飾
在家穿的衣服簡直和外出時的打扮沒有兩樣的人，個性非常認真！但是與人往來時說不定會感到不安。

看包包就知道
是什麼類型的女孩子！

解說！

放假和朋友或家人外出的時候，大家通常都會帶什麼樣的包包呢？尤其是對於女生來說，包包幾乎是「自己的分身」，因此我們可以根據對方所選擇的包包來解讀她們的性格和心情。如果你是那種「會向家人借包包」的人，那麼不妨試著解讀家人的性格★

包包的款式與性格的類型

女孩子對於包包真的很挑剔。像琴音就有很多後背包⋯⋯

大包包	後背包	手拿包	小包包

包包顯然比裡頭裝的東西還要大出許多的話，就代表妳是一個容易擔心的人，而且不太擅長整理東西，搞不好還習慣把所有東西都帶在身上呢！

外出時習慣背著後背包、空出雙手的人是一個充滿朝氣活力的人喔！不過脾氣似乎有點急躁。

習慣帶著手掌大小的手拿包的人，是一個堅持又固執的人。若能認真傾聽別人說話會更好♪

喜歡像側背包這種小包包的人個性謹慎認真。但也有可能是想要向旁人展現「可愛」或「優雅」的形象。

時尚打扮的祕訣④

喜歡的顏色
會透露性格及心境！

解說！

心理學的「色彩心理學」是一門研究顏色與人際關係有何關連的學問。不過我們在這裡要告訴大家利用喜歡的顏色簡單診斷性格的方法。
就算沒有直接詢問喜歡的顏色，只要觀察對方「身穿什麼顏色的衣服」，還是能夠看出他們的性格喔！

喜歡的顏色與性格

紅色 象徵積極，具有強烈正義感的領導型人物喜歡的顏色。不過脾氣似乎會有點急躁。

粉紅色 象徵關懷體貼的顏色。喜歡這個顏色的人懂得為他人設想。最喜歡聊戀愛相關的事，而且好像隨時都有喜歡的人♥

橘色 充滿活力的明亮色彩，同時也是可以溫暖人心的太陽色。是重視人際關係、個性活潑的人！

黃色 象徵明亮、溫暖的顏色。喜歡這個顏色的人通常都有一個偉大的夢想，而且還有努力的天賦喔！

藍色 象徵平靜祥和的顏色。喜歡這個顏色的人大多個性冷靜沉穩，而且重視和平勝於一切！

綠色 象徵自負的顏色。個性堅強認真的人通常都喜歡這個顏色，優點是會冷靜分析自己！

紫色 象徵神祕的顏色。喜歡這個顏色的人心思敏銳，感受強烈，而且有不少人是浪漫主義者♥

咖啡色 象徵溫暖、安心的顏色。喜歡這個顏色的人個性認真，但是我行我素，堅持己見。

黑色 冷靜之中稍帶孤獨的顏色。是喜歡獨處、充滿神祕色彩的人喜歡的顏色。

白色 象徵潔淨、認真的顏色。喜歡這個顏色的人待人誠懇，不管面對什麼事都會用心處理！

日常生活的

煩惱 諮詢室

日常生活難免會有煩惱，接下來我們要為大家
介紹各種在友情上遇到的煩惱及解決方法喔！

朋友說了一些令人
傷心的難聽話語

穿著喜歡的衣服去學校，卻被同學笑說「很土」，同學一句無心的話有時候會讓人聽了很受傷。那我們要如何面對這些說話刻薄的朋友呢？

會攻擊人⋯⋯　可能是自卑吧！

人的自卑情結越強，就越有可能攻擊對方或口出惡言，因為他們試圖把對方的地位貶低到和自己一樣高的地方。這種人其實不需要刻意平等對待，以寬容的態度告訴自己「他們自卑感比較強，沒有什麼自信」就好了。

什麼是「情結」？

「情結」是複雜情緒的綜合體，常用來表達「強烈的愛情」或「執著的癡迷」。像「戀母情結」這個詞，就是對母親的愛比對其他人還要強烈的意思！

重點

「不理會」也是一種選擇

要是有人做出自己不喜歡的事，漠視會是一個有效的方法，因為要是我們有所反應的話，對方的攻擊可能會跟著升級。但就算遭到攻擊也不要責怪自己，因為錯的是對方而不是你，所以我們要保持冷靜！只要讓對方知道他們是無法得逞的，那些惡意的攻擊就會停止。

重點 2

不要情緒化，整理不滿並告知對方

不過有些人的惡意行為不可以一直置之不理。在告訴對方「別再這樣」的時候要保持冷靜，情緒盡量不要激動。不管有多生氣，也要避免使用否定對方人格的說法，例如「你這個人真的很糟糕！」最有效的方法，就是將心中的想法表達出來，例如「這種待遇會讓人很難過的」。

要是能夠事先將想講的話整理好寫在紙上那更好！

總結

- *體諒對方沒有自信*

- *自己不要重蹈覆轍*

和好朋友吵架了……

和好朋友聊天的時候不小心說了一些傷人的話，結果兩人大吵一架。不管是誰，應該都有過這樣的經驗吧？這段因爲吵架而變得尷尬的關係要怎麼重修舊好呢？

吵架…… 代表溝通良好！

不管是誰，都會希望避免爭吵或糾紛發生，但在避免問題發生的時候我們往往會缺乏溝通。要是因此和朋友吵起來的話，其實就代表兩人有在溝通，所以吵架未必是壞事♪

吵架可以找到適當的距離感

德國哲學家叔本華（Arthur Schopendauer）曾經說過一則寓言故事。「在某個寒冷的夜晚，兩隻豪豬原本想要互相靠攏取暖，但是身上的刺卻刺傷了對方。之後牠們不斷地分分合合，最後終於找到一個適當的距離取暖。」可見人與人之間也是要一起苦思煩惱，這樣才能找到彼此之間都能接受的距離感！當我們因爲人際關係出現問題而苦惱時，兩隻豪豬的故事經常當作例子來比喻，這就是所謂的「豪豬困境」（Hedgehog's dilemma。或稱「刺蝟困境」）。

起爭執有時反而可以促進感情喔！

重點 1

彼此要保持冷靜

吵架過後心情難免會激動，所以要先給自己一些時間，讓頭腦冷靜下來。只要心情恢復平靜，說不定就會知道要如何避免爭執以及自己該反省哪些地方了。

重點 2

傳達和解的意願

冷靜之後若還是想和好，那就試著將自己的心情坦承出來，直接告訴對方「我想重修舊好，可以談一談嗎？」要是無法當面談，那就把想說的話寫在紙上再交給對方也可以♪

重點 3

道歉時表情手勢也很重要

如果是自己不對，那當然就要好好道歉了。向別人道歉時表情、手勢和態度非常重要，若是吊兒郎當或嘻皮笑臉，對方搞不好會懷疑：「你真的有在反省嗎？」

麥拉賓法則

美國心理學家麥拉賓（Albert Mehrabian）有個研究提到，人們交談時重視的訊息當中，表情和手勢占 55%，說話的語氣及速度占 38%，談話的內容則是占 7%。可見表情和手勢有多重要！

總結

- *正因相知相惜，所以吵架在所難免*

- *真誠表達和解之心*

轉身離去

對方好像誤會了……

心中感受無法好好告訴對方，或者是透過第三者傳達訊息時反而引起誤會……要是因爲一個小小的誤會而導致兩人之間的關係變得尷尬，妳會怎麼冰釋前嫌呢？

讓人誤會……　**可能是我不擅言詞！**

經常被朋友誤解或誤會的人可能是不擅言詞。別想說「這種事不說你也會懂」。哪怕是小事，也要好好用語言來傳遞！特別是在傳達重要事情的時候，一定要好好向對方確認「剛剛這樣說明你有聽懂嗎？」會比較好。

重點

誤會不需急於澄清

就算發現朋友誤會也不要忙著澄清，因爲急於否認反而會讓對方覺得妳是在找藉口。既然這一切只不過是一個誤會，況且我們又沒做錯什麼事，在這種情況之下先保持冷靜，之後再不慌不忙的解釋，這樣誤會應該就會立刻消除♪

那個

那個

總結

● **重要的事情要好好說清楚**

沒有遵守約定

明明約好一起去學校，但是時間都過了，朋友卻沒有來，帶著無奈的心情一個人去上學，卻發現他和別人一起去學校了！我們來探索一下像這樣食言的人心裡是怎麼想的吧！

食言的人……

很有可能是自私任性的人

覺得放人家鴿子沒有什麼大不了的人，是不會考慮對方有何感受的。換句話說，他們是個性自私的人。這種人應該是不覺得遵守承諾很重要，所以我們要讓對方知道，不遵守諾言是會讓人失望的，而且還白白浪費了我們的時間！

重點 1

告訴他們你很難過

先告訴對方「你沒有赴約讓我很難過」。或許對方不覺得那個約定很重要，所以要讓對方知道我們真的很期待。

重點 2

調適心情

因為對方毀約而低落的心情要盡快調適回來。在意太久的話反而會讓情緒更加低落喔！這時候我們可以找其他朋友一起玩，也可以做些完全不同的事來轉換心情♪

總結

● 告訴對方「毀約」會讓人很傷心

想約朋友，卻被拒絕

想要邀請朋友一起玩，沒想到對方竟然一口拒絕⋯⋯在這種情況之下說不定會讓人以為對方「是不是不想和我一起玩？」可是每個人都有自己的事情要做，所以遇到這種情況其實不需要想太多。

被拒絕了⋯⋯　就當作對方有事情

想約對方的時候要是被拒絕，就當作人家有事情，不要直覺就認為對方「討厭自己」。因為對方可能已有安排，或只是想早點回家休息也說不定。所以下次我們或可以提前幾天問對方是否有空而不是臨時邀約，這麼做或許會比較好！

重點

不需要太過煩惱

「被拒絕」這件事若是想得太嚴重，情緒就會變得越來越低落。與其如此，不如想想其他替代方案，像是找其他朋友一起玩，偶爾靜下心來，讀本書放鬆一下也不錯！總之就是不要一直耿耿於懷。

有趣的事情還有很多喔！
就讓我們想想要做什麼吧♪

如何婉轉拒絕邀約？
善用這三句話吧！

相反的，不得不拒絕朋友邀約的時候，要怎麼說才不會傷到對方的心呢？

方式①
「謝謝」

先謝謝對方邀請我們！也就是先表達出受到邀請的喜悅「謝謝你約我」。相信對方聽了之後一定也會慶幸自己有邀請我們的♪

方式③
「下次再約」

真的只能拒絕的話，那就告訴對方「今天有事，我們下次再約吧。」這樣對方下次也比較容易再約。

方式②
「改這天如何？」

主動提議自己有空的日子也不錯★「我今天有事，明天怎麼樣？」就像這樣建議其他日子，這樣說不定就能直接安排下一次的約定了。

為了不讓對方太過失望，也要好好想一想拒絕方式喔！

總結

● 邀請前先想想看對方是否有空

● 就算被拒絕也不可責怪對方，更不需要沮喪

跟不知怎麼相處的人同班

換位子的時候旁邊竟然坐了一個不知道要怎麼跟他相處的人！這日子要怎麼過呀……這種情況或許會讓人忐忑不安，是吧？不知所措的心情要怎麼克服呢？

不知所措…… 那就多了解對方，加以克服吧！

不管是誰，與對方如果不是那麼熟，相處時通常都會感到不知所措。但也不要因為不熟而與對方保持距離，先試著努力了解對方。我們可以積極的從喜歡的音樂、服裝打扮以及藝人等話題與對方聊聊。要是能找到共同點，就能拉近彼此之間的距離了喔♪

重點 1

先讓對方認識自己

想要了解對方，就要先讓對方認識妳♪ 因此我們可以談談自己的興趣專長。對方只要多知道一些我們的事，應該就會慢慢敞開心扉！

重點 2

有些人談話節奏比較慢

認識朋友難免會遇到談話節奏比較慢的人。雖然不需勉強自己與對方往來，但是態度上也不能不耐煩。對方要是發現了，心情說不定會很難受的。

總結

● 只要了解對方，相處時就不會不知所措！

窃窃私語

愛說朋友壞話的人……

和朋友聊天的時候竟然不知不覺說起別人的壞話。遇到這種情況該怎麼處理呢？提醒對方說話要小心的話氣氛會變得很尷尬，但是一起說別人壞話也不行。既然如此，那就讓我們來看看這種情況要怎麼處理吧！

說壞話的人…… **大多都是缺乏自信的人**

缺乏自信的人通常會說別人的壞話來掩飾自己的弱點。這就如同第158頁所說的，有可能是因為強烈的自卑感所造成的。不過這樣的人若是得到稱讚，說不定就會因為心滿意足而不再說他人壞話。所以就讓我們挖掘他們的優點，好好讚揚一番吧♥

重點

轉移話題也可以

別人的壞話是會越聽越難受的，這個時候最好的方法就是直接要對方「不要再說了」。但是想歸想，說出口反而不容易。在這種情況之下轉移話題應該會是一個不錯的方法♪像是新的電玩、學校的活動、當紅的電視節目等等，只要對方有興趣，就可以立刻轉換話題喔！

總結

● 聽到壞話時，就趕快轉移話題

借的東西遲遲不還

朋友之間互借電玩或漫畫是件好事，但是借出去卻拿不回來那就不好了。應該有人遇過這樣的情況吧？要是能夠直接叫對方歸還那就好了……無奈的是，想這麼做卻遲遲鼓不起勇氣。

東西借了不還…… 說不定是看輕東西的價值

借來的東西不還給物主的人並不是不想歸還，大多都是因爲低估東西本身的價值。這種人通常不會珍惜借來的東西，所以要特別小心。如果要借，那就要好好想一下如何讓對方歸還了。

重點 1

強調東西的重要性

只要讓對方知道這個東西對妳來說有多重要，借的人態度應該就會不一樣。像是把漫畫借給別人的時候可以告訴對方：「這是我最喜歡的系列作品，所以看的時候要小心喔！」相信對方聽了之後應該就會好好珍惜的♪

重點 2

決定一個歸還期限

借東西給別人的時候先告知對方「○日以前要歸還」應該會是一個有效的方法。若能補上一句「因爲後面還有人要借」的話，這樣就不用擔心對方不開心了♪而自己跟別人借東西的時候也是一樣。

總結

● 借東西時訂個期限會更放心！

呆站

難不成是被霸凌……？

「最近好像被班上同學孤立，感覺同學看我的時候都會竊竊私語，難道是霸凌？」接下來要探討爲「霸凌」所困的解決方法。

霸凌…… 將心中不滿發洩在他人身上

霸凌是一種「想要比別人更加優越」的心態。這麼做的原因，有可能是爲了看到對方痛苦的反應以藉此消除心中不滿。無論事情有多微不足道，只要覺得自己好像「被霸凌了」，那就不要再懷疑自己，更不可以獨自默默承受！

重點 1

找個可靠的人聊一聊

先試著與朋友、家人或老師這些值得信任的人聊一聊。一個人的話會非常容易胡思亂想，覺得自己是不是做錯了什麼？」然而事實並非如此，所以千萬不要這麼想。只要與別人聊一聊，心態應該就會變得更正面。

重點 2

反應乾脆遲鈍一點

對於旁人的眼光或朋友的發言若是太過敏感，心情反而會變得越來越疲憊。所以有時候我們的反應可以遲鈍一點，故意充耳不聞或視而不見，這一點也很重要。就算遭受到不必要的言行也要保持冷靜，置之不理。

總結

● *勿獨自承受，多找人聊一聊*

班上的同學完全不合作！

明明是令人期待的校園活動，卻因為班上同學不合作而越來越失望。難得有這個機會，當然會想要和大家留下一段美好的回憶。既然如此，那就讓我們想一下怎麼做才能讓大家振奮起來★

我希望你能幫我……

直接向對方提出請求

不管是誰，只要受人期待或依賴，就會想要回應對方的心情。所以當我們需要別人幫忙時，不妨直接坦承「我想要藉助你的力量！」拜託的內容如果是對方的擅長領域那更好！有些人一旦意識到自己受人信賴，態度上就會變得十分合作。這也是一種讓對方心情舒適、如己所願採取行動的技巧喔★

重點

不要使用情緒化字眼

希望大家合作時絕對不可以使用情緒化的字眼，例如「你就好好做呀！」、「到底想不想做啊？」因為這樣反而會讓人失去動力。班上同學若是沒有凝聚力，那就試著挖掘每個人的優點，並用正面積極的口吻來鼓勵他們，例如「不愧是你！」、「剛剛不錯耶！」這樣士氣就會日積月累，慢慢高漲的★

激勵同學的技巧

提振士氣的技巧還有很多。必要的時候大家不妨實踐看看！

先讓大家看到妳認真的態度

只要有人認真起來，其他人就會跟進，展現出積極的態度！這麼做或許需要勇氣，但是只要能讓同學團結，我們就先認真起來，帶領大家向前邁進吧！

> 我想要在運動會還有音樂會的時候試看看！

穿搭一致，加強團結力！

穿搭一致能有效增進團結。不管是制服、編織手環還是護身符都可以，只要每個人都有一個相同物品，團體意識就會在心中油然升起，動力自然就會跟著高漲♪

做得好就大喜過望，熱絡氣氛

想要激勵士氣，就不能不營造氣氛！當事情進展順利或者有好事發生時，那就稍微誇張的將喜悅之情表現出來。在炒熱當場氣氛的時候，班上同學的情緒也會跟著飛揚起來★

總結

- 希望對方合作時先拜託對方看看吧

- 以鼓勵來提振士氣

171

對朋友滿腹牢騷

朋友一些不起眼的言行舉止讓妳感到不耐煩，甚至覺得無法原諒的時候，往往會讓人懷疑自己的心胸是不是太過狹窄，是吧？但是心有不滿未必是壞事喔！

心有不滿…… 是擁有堅定理想的證據

對他人非常不滿，通常代表自己心中有一個堅定的理想。或許你是因為朋友沒有按照自己的期望行事而感到不耐煩。理想高固然好，但若強加給別人的話就有可能會招致不滿喔！

重點 1

對人不要過於期待

我們有時會要求他人按照自己的理想行事。無奈的是，這幾乎是不可能的。所以就算心中稍有不滿，我們也要接受對方的個性。畢竟沒有期待，就比較沒有傷害，不滿當然也就會不易萌生。

重點 2

溝通方式要多加留意

有時候我們會在必要時刻如實傳達心中的不滿，尤其當對方是深得我們信賴的朋友時更是需要如此。但是說話口氣太過高傲的話反而會吵起來，所以盡量用拜託的方式告訴對方，「如果你能這麼做的話我會更高興的」。

總結

● 自己的理想和期望不要加諸於他人身上

LESSON

和朋友喜歡上同一個人！

發現自己和好朋友同時喜歡上同一個人了！在這種情況之下妳會怎麼做呢？有的人會以愛情為優先考量，有的人則是選擇友情。但話說回來，這種事好像好像沒有正確答案。

友情和愛情……

哪一個重要，沒有定論

不管是下定決心與朋友成為情敵，還是放棄愛情在背後支持朋友，只要是自己做的決定，不管是哪一個選擇都是正確的。但如果是表面假裝支持朋友，背後卻以自己的愛情為優先考量的話，這種不誠實的行為日後恐怕會出問題，所以一定要小心！

重點

不要欺騙自己的感情

雖然選擇權在我們手上，但是絕對不可以對自己的心情說謊。做出的決定若是違背真心，到最後說不定會徒留遺憾，痛苦的心情還會久久揮之不去……相反的，要是我們能以一顆真誠的心行動，既然是「自己決定的事」，無論結果如何，都能坦率接受的♪

總結

● *跟著感覺走，才不會後悔*

嘿！那部影片妳看了嗎？

嗯，看了！那個啊⋯⋯

這個班的情誼已經相當深厚了！

那我要去其他地方幫別人奠定情誼了。

再見囉！各位朋友

知識館

知識館014

生活素養小學堂 4：小學生的人際相處課

めちゃカワMAX!!
小学生のステキルール友だちと仲よくなるBOOK

監		修	涉谷昌三	
譯		者	何姵儀	
副 總 編 輯			陳鳳如	
封 面 設 計			張天薪	
內 文 排 版			李京蓉	
童 書 行 銷			張惠屏・侯宜廷・林佩琪・張怡潔	

出 版 發 行	采實文化事業股份有限公司
業 務 發 行	張世明・林踏欣・林坤蓉・王貞玉
國 際 版 權	施維真・劉靜茹
印 務 採 購	曾玉霞
會 計 行 政	許俽瑀・李韶婉・張婕莛
法 律 顧 問	第一國際法律事務所　余淑杏律師
電 子 信 箱	acme@acmebook.com.tw
采 實 官 網	www.acmebook.com.tw
采 實 臉 書	www.facebook.com/acmebook01
采實童書粉絲團	www.facebook.com/acmestory

I S B N	978-626-349-523-4
定 價	380元
初 版 一 刷	2024年1月
劃 撥 帳 號	50148859
劃 撥 戶 名	采實文化事業股份有限公司
	104 台北市中山區南京東路二段 95號 9樓
	電話：02-2511-9798　傳真：02-2571-3298

國家圖書館出版品預行編目(CIP)資料

生活素養小學堂. 4：小學生的人際相處課 / 涉谷昌三監修；何姵儀譯. -- 初
版. -- 臺北市: 采實文化事業股份有限公司, 2024.01
192面 ; 14.8*21公分. -- (知識館 ; 14)
譯自：めちゃカワMAX!! : 小学生のステキルール: 友だちと仲よくなる
BOOK
ISBN 978-626-349-523-4(平裝)

1.CST: 人際關係 2.CST: 生活指導 3.CST: 小學生

177.3　　　　　　　　　　　　　　　　　　　112019211

小学生のステキルール友だちと仲よくなるBOOK
SHOUGAKUSEI NO SUTEKI RULE TOMODACHI TO NAKAYOKUNARU BOOK
© SHINSEI Publishing Co.,Ltd. 2020
Originally published in Japan in 2020 by SHINSEI Publishing Co.,Ltd.,TOKYO.
Traditional Chinese edition copyright ©2024 by ACME Publishing Co., Ltd.
Traditional Chinese Characters translation rights arranged with SHINSEI Publishing Co.,Ltd.,LTD.,TOKYO.through
TOHAN CORPORATION, TOKYO and KEIO CULTURAL ENTERPRISE CO.,LTD.,NEW TAIPEI CITY.

祕密的

特別附錄

個人資料卡

促進友誼的必備工具♪。

拿給想要多加認識的人填寫，

悄悄縮短彼此的距離吧♡

PROFILE

BOOK

只要交換個人資料，
就能縮短與朋友的距離♥

若想多認識朋友，那就請他們寫下個人檔案
吧！大家可以把下一頁的個人資料卡剪下來善
加利用。要是不夠用，那就拿去影印吧♪

填寫自己的個人資料
也很有趣喔！

打洞之後用緞帶或
扣環穿起來

沿虛線剪下來！

個人資料
PROFILE
DATE [　　.　　.　　]

COMMENT
今後還請
多多指教喔♥

NAME 高橋美麗
NICK NAME 美麗
SNS @mealiiixxx
ADDRESS 東京△△△
TEL 090-XXX-XXXX
MAIL ×○×○@xxx.ne.jp

照片 or 插圖

我是 20XX 年 7 月 24 日出生的獅子座喔！
血型是 A 型，性格算 開朗 吧？ !最近迷上 看影片 ★
興趣是 唱KTV ，專長是 心算 ！
其實曾經有人說我長得像 倉鼠 ♪
同時我也是 小翔 的超級粉絲，每天最幸福的時候是 吃東西 ♥
喜歡的類型是 天然呆 的人， (有) 沒有 喜歡的人
那個人的名字是（英文縮寫可以！）是 T・K ♥♥♥
現在最想要的是 電視遊樂器 ，未來的夢想是當 學校老師 ！
10 年後的我一定會 有錢人 ！

PROFILE

個人資料

DATE〔 ☐ . ☐ . ☐ 〕

NAME

NICK NAME

SNS

ADDRESS

TEL

MAIL

COMMENT

照片 or 插圖

我是 ____ 年 ____ 月 ____ 日出生的 ____ 喔!

血型是 ____ 型,性格算 ____ 吧?

興趣是 ____ ,專長是 ____ !最近迷上 ____ ★

其實曾經有人說我長得像 ____ ♪

同時我也是 ____ 的超級粉絲,每天最幸福的時候是 ____ ♥

喜歡的類型是 ____ 的人,(有‧沒有)喜歡的人

那個人的名字是(英文縮寫可以!)是 ____ ♥♥♥

現在最想要的是 ____ ,未來的夢想是當 ____ !

10 年後的我一定會 ____ !

FAVORITE

#食物	#音樂	#書籍‧漫畫
#人物	#地方	#時尚打扮

LOVE TALK

請回答戀愛相關問題♥

曾經向人告白過	(Yes・No)
曾經被人告白過	(Yes・No)
曾經失戀過	(Yes・No)
有男朋友・女朋友	(Yes・No)
結婚意願	(Yes・No)

初戀是幾歲？（　　）歲

理想的約會計劃是？

令人心動的舉止是？

為什麼想要被告白？

寫下符合印象的人！

IMAGE GAME

#可愛	#有趣
#帥氣	#時尚
#溫柔	#可靠

迷你 心理測驗

回到家的時候桌上放著一個讓人口水直流的點心♥是什麼點心呢？

A 鮮奶油蛋糕
B 馬卡龍
C 巧克力餅乾
D 奶油泡芙

答案（　　　）

結果請發卡人公布！

來個排名吧！

BEST 3

1名

2名

3名

對發卡人的第一印象是什麼？

現在的印象是什麼？

寫下心裡話吧！

寫完之後要拿給 ＿＿＿＿＿ 喔！

個人資料

NAME

NICK NAME

SNS

ADDRESS

TEL

MAIL

COMMENT

照片 or 插圖

我是 ⬚⬚⬚ 年 ⬚ 月 ⬚ 日出生的 ⬚⬚⬚ 喔！

血型是 ⬚ 型，性格算 ⬚⬚⬚ 吧？

興趣是 ⬚⬚⬚ ，專長是 ⬚⬚⬚ ！最近迷上 ⬚⬚⬚ ★

其實曾經有人說我長得像 ⬚⬚⬚ ♪

同時我也是 ⬚⬚⬚ 的超級粉絲，每天最幸福的時候是 ⬚⬚⬚ ♥

喜歡的類型是 ⬚⬚⬚ 的人，（有‧沒有）喜歡的人

那個人的名字是（英文縮寫可以！）是 ⬚⬚⬚ ♥♥♥

現在最想要的是 ⬚⬚⬚ ，未來的夢想是當 ⬚⬚⬚ ！

10 年後的我一定會 ⬚⬚⬚ ！

FAVORITE

| #食物 | #音樂 | #書籍‧漫畫 |

| #人物 | #地方 | #時尚打扮 |

LOVE TALK

曾經向人告白過	(Yes・No)
曾經被人告白過	(Yes・No)
曾經失戀過	(Yes・No)
有男朋友・女朋友	(Yes・No)
結婚意願	(Yes・No)

初戀是幾歲？（　　）歲

理想的約會計劃是？

令人心動的舉止是？

爲什麼想要被告白？

寫下符合印象的人！

IMAGE GAME

可愛

有趣

帥氣

時尚

溫柔

可靠

迷你 心理測驗

回到家的時候桌上放著一個讓人口水直流的點心♥是什麼點心呢？

A　鮮奶油蛋糕
B　馬卡龍
C　巧克力餅乾
D　奶油泡芙

答案（　　）

結果請發卡人公布！

來個排名吧！

BEST 3

1名

2名

3名

對發卡人的第一印象是什麼？

現在的印象是什麼？

寫下心裡話吧！

寫完之後要拿給 ＿＿＿＿＿ 喔！

個人資料

DATE [　　　.　.　]

NAME

NICK NAME

COMMENT

SNS

ADDRESS

TEL

MAIL

照片 or 插圖

我是 　　　　 年　　月　　日出生的　　　　　喔!

血型是　　型,性格算　　　　　　　吧?

興趣是　　　　　　　　,專長是　　　　　　　!最近迷上　　　　　　★

其實曾經有人說我長得像　　　　　　　♪

同時我也是　　　　　　的超級粉絲,每天最幸福的時候是　　　　　　　♥

喜歡的類型是　　　　　　　的人,(有·沒有)喜歡的人

那個人的名字是(英文縮寫可以!)是　　　　　　♥♥♥

現在最想要的是　　　　　　,未來的夢想是當　　　　　　　!

10 年後的我一定會　　　　　　　!

#食物	#音樂	#書籍·漫畫

#人物	#地方	#時尚打扮

LOVE TALK

請回答戀愛
相關問題♥

曾經向人告白過	(Yes・No)
曾經被人告白過	(Yes・No)
曾經失戀過	(Yes・No)
有男朋友・女朋友	(Yes・No)
結婚意願	(Yes・No)

初戀是幾歲？（　　）歲

理想的約會計劃是？

令人心動的舉止是？

爲什麼想要被告白？

寫下符合印象的人！

IMAGE GAME

 # 可愛

 # 有趣

 # 帥氣

 # 時尚

 # 溫柔

 # 可靠

迷你　心理測驗

回到家的時候桌上放著一個讓
人口水直流的點心♥是什麼點
心呢？

A 鮮奶油蛋糕
B 馬卡龍
C 巧克力餅乾
D 奶油泡芙

答案（　　）

結果請發卡人公布！

來個排名吧！

BEST 3

對發卡人的第一
印象是什麼？

1名

2名

現在的印象
是什麼？

3名

寫下心裡話吧！

寫完之後要拿給 ＿＿＿＿＿ 喔！

PROFILE 個人資料

DATE 【 ▇ . ▇ . ▇ 】

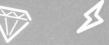

NAME

NICK NAME

SNS

ADDRESS

TEL

MAIL

COMMENT

照片 or 插圖

我是　　　　　年　　月　　日出生的　　　　　喔！

血型是　　型，性格算　　　　　　　　吧？

興趣是　　　　　　　　，專長是　　　　　　　　！最近迷上　　　　　　　★

其實曾經有人說我長得像　　　　　　　　♪

同時我也是　　　　　　　的超級粉絲，每天最幸福的時候是　　　　　　　♥

喜歡的類型是　　　　　　　的人，（有・沒有）喜歡的人

那個人的名字是（英文縮寫可以！）是　　　　　　　♥♥♥

現在最想要的是　　　　　　　，未來的夢想是當　　　　　　　　　　！

10 年後的我一定會　　　　　　　　　　！

FAVORITE

#食物

#音樂

#書籍・漫畫

#人物

#地方

#時尚打扮

LOVE TALK

請回答戀愛相關問題♥

理想的約會計劃是？

令人心動的舉止是？

爲什麼想要被告白？

曾經向人告白過　　　（Yes・No）

曾經被人告白過　　　（Yes・No）

曾經失戀過　　　　　（Yes・No）

有男朋友・女朋友　　（Yes・No）

結婚意願　　　　　　（Yes・No）

初戀是幾歲？（　　）歲

寫下符合印象的人！

IMAGE GAME

#可愛

#有趣

#帥氣

#時尚

#溫柔

#可靠

迷你 心理測驗

回到家的時候桌上放著一個讓人口水直流的點心♥是什麼點心呢？

A　鮮奶油蛋糕

B　馬卡龍

C　巧克力餅乾

D　奶油泡芙

答案（　　　）

結果請發卡人公布！

來個排名吧！

BEST 3

1名

2

3

對發卡人的第一印象是什麼？

現在的印象是什麼？

寫下心裡話吧！

寫完之後要拿給　　　　　　喔！

 個人資料 PROFILE

NAME

NICK NAME

SNS

ADDRESS

TEL

MAIL

COMMENT

照片 or 插圖

我是 ＿＿＿ 年 ＿ 月 ＿ 日出生的 ＿＿＿ 喔！

血型是 ＿ 型，性格算 ＿＿＿＿ 吧？

興趣是 ＿＿＿＿＿ ，專長是 ＿＿＿＿＿ ！最近迷上 ＿＿＿＿＿ ★

其實曾經有人說我長得像 ＿＿＿＿＿ ♪

同時我也是 ＿＿＿＿ 的超級粉絲，每天最幸福的時候是 ＿＿＿＿ ♥

喜歡的類型是 ＿＿＿＿ 的人，（有·沒有）喜歡的人

那個人的名字是（英文縮寫可以！）是 ＿＿＿＿ ♥♥♥

現在最想要的是 ＿＿＿＿ ，未來的夢想是當 ＿＿＿＿ ！

10 年後的我一定會 ＿＿＿＿ ！

FAVORITE

#食物

#音樂

#書籍·漫畫

#人物

#地方

#時尚打扮

LOVE TALK

請回答戀愛相關問題♥

曾經向人告白過	(Yes・No)
曾經被人告白過	(Yes・No)
曾經失戀過	(Yes・No)
有男朋友・女朋友	(Yes・No)
結婚意願	(Yes・No)

初戀是幾歲？（　　）歲

理想的約會計劃是？

令人心動的舉止是？

爲什麼想要被告白？

寫下符合印象的人！

IMAGE GAME

# 可愛	# 有趣
# 帥氣	# 時尚
# 溫柔	# 可靠

迷你 心理測驗

回到家的時候桌上放著一個讓人口水直流的點心♥是什麼點心呢？

A 鮮奶油蛋糕
B 馬卡龍
C 巧克力餅乾
D 奶油泡芙

答案（　　　）

結果請發卡人公布！

來個排名吧！

BEST 3

1名

2名

3名

對發卡人的第一印象是什麼？

現在的印象是什麼？

寫下心裡話吧！

寫完之後要拿給 ＿＿＿＿＿ 喔！

個人資料

PROFILE

NAME

NICK NAME

SNS

ADDRESS

TEL

MAIL

COMMENT

照片 or 插圖

我是　　　　　年　　月　　日出生的　　　　喔！

血型是　　型，性格算　　　　　　吧？

興趣是　　　　　　　，專長是　　　　　　　！最近迷上　　　　　　　★

其實曾經有人說我長得像　　　　　　♪

同時我也是　　　　　的超級粉絲，每天最幸福的時候是　　　　　　♥

喜歡的類型是　　　　　　的人，（有・沒有）喜歡的人

那個人的名字是（英文縮寫可以！）是　　　　　♥♥♥

現在最想要的是　　　　　　，未來的夢想是當　　　　　　　！

10 年後的我一定會　　　　　　　！

FAVORITE

#食物

#音樂

#書籍・漫畫

#人物

#地方

#時尚打扮

LOVE TALK

請回答戀愛相關問題♥

理想的約會計劃是？

令人心動的舉止是？

曾經向人告白過	（Yes・No）
曾經被人告白過	（Yes・No）
曾經失戀過	（Yes・No）
有男朋友・女朋友	（Yes・No）
結婚意願	（Yes・No）

為什麼想要被告白？

初戀是幾歲？（　　）歲

寫下符合印象的人！

IMAGE GAME

# 可愛	# 有趣
# 帥氣	# 時尚
# 溫柔	# 可靠

迷你 心理測驗

回到家的時候桌上放著一個讓人口水直流的點心♥是什麼點心呢？

A　鮮奶油蛋糕

B　馬卡龍

C　巧克力餅乾

D　奶油泡芙

答案（　　　　）

結果請發卡人公布！

來個排名吧！

BEST 3

1名

2名

3名

對發卡人的第一印象是什麼？

現在的印象是什麼？

寫下心裡話吧！

寫完之後要拿給　　　　　　喔！

心理測驗的答案

這個測驗可以得知自己尚未察覺的魅力喔！

A

選擇鮮奶油蛋糕的人……

滿溢自信的笑容是妳的魅力♥ 只要露出微笑，旁人的心情就會跟著開朗起來♪

B

選擇馬卡龍的人……

品味出眾的時尚達人★說不定已經有人偷偷在注意妳的穿搭以及隨身物品了呢！

C

選擇巧克力餅乾的人……

想像力十分豐富的創意王♪當大家需要妳的意見時會積極分享自己的看法，引導同學們向前邁進！

D

選擇奶油泡芙的人……

人見人愛的療癒系人物♥溫柔體貼的氣質充滿了魅力，讓人想要圍繞在妳身旁♪

記錄個人資料卡交給了誰

姓名	何時給資料卡	/	歸還 ☐
姓名	何時給資料卡	/	歸還 ☐
姓名	何時給資料卡	/	歸還 ☐
姓名	何時給資料卡	/	歸還 ☐
姓名	何時給資料卡	/	歸還 ☐
姓名	何時給資料卡	/	歸還 ☐

PROFILE BOOK

祕密的 特別附錄

個人資料卡